JN323033

書生の処世

SHOSEI NO SHOSEI

荻原魚雷
Ogihara Gyorai

本の雑誌社

書生の処世　目次

2011

2012

2013

2014

デザイン　戸塚泰雄（nu）
イラスト　堀節子

2011

トップアスリートの病

毎日、起きたら、珈琲を飲む。

その味で体調がわかる。疲れがたまっていると味覚がにぶる。そんなときは二度寝をする。気がつくと、夕方になっていることもある。部屋の掃除と洗濯をすませ、近所の古本屋をまわり、喫茶店にはいる。わたしは無意味かつ怠惰な時間が好きである。ひまと金さえあれば、ひたすらだらだらと本を読んでいたい。

しかしひまと金を同時に得ることはむずかしい。常々、もっとテキパキ仕事を片付け、読書に耽溺したいとおもっているのだが、それは至難といってもいい。

十五、六年前、業界紙で仕事をしていたころ、原稿を書くのがやたらと速い人がいた。ふらっと仕事場にあらわれ、さっと文章を書き上げて帰っていく。

若き日のわたしは、同じくらいの分量を書くのに最低でも二、三日はかかっていたので、プロとはすごいものだなあと感心した。

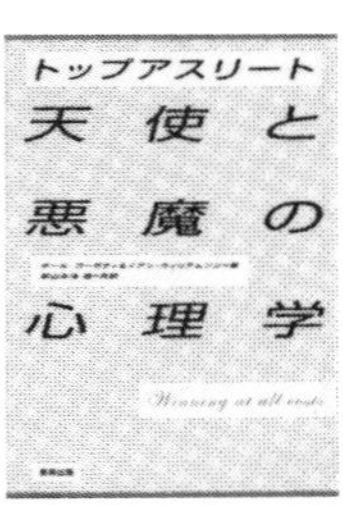

『トップアスリート　天使と悪魔の心理学』

あるとき、どうしてそんなに速く書けるのかと聞いてみたところ、その人は左手につけたデジタル腕時計を見せながら、こんなことをいった。

「一時間以内に仕事が終わらなかったら、この時計が爆発するとおもいながら、文章を書いているんだ」

以来、何度となく、その方法を試しているのだが、いまだにうまくいったことがない。

かつてのわたしは冬になると起きてから一時間くらいからだが動かなかった。低血圧のせいだとおもっていたが、その人にいわせると、そんなことは甘え以外の何ものでもないそうだ。

まず、起きてすぐ流し台に行って給湯器の熱いお湯で両手の親指と人さし指のあいだをもみながら洗う。そうすると、からだがあたたまってきて、目がさめると教えてもらった。

半信半疑であったが、やってみたら、たしかに効果があった。五分でスタンバイとまではいかないが、それでも目がさめてから一時間くらいぐずぐずしていたころと比べると、ずいぶん改善された。

お湯で手を温めるだけで、そんなに変わるものなのかどうか、よくわからない。たぶん自己暗示もあるだろう。

その暗示が、習慣と呼べる域に達すると、不可能とおもえるスピードで仕事を片付けられるようになるのかもしれない。

切羽詰まった状況に追い込まれると、業界紙時代の腕時計爆弾の話をおもいだす。

話は変わるが、最近、ポール・ゴーガティ＆イアン・ウィリアムソン著『トップアスリート天使と悪魔の心理学』（影山みほ他訳、東邦出版）という本を読んで、いろいろ考えさせられた。

いわゆる一流のスポーツ選手たちは「勝利依存症」あるいは「競争中毒」というような症状を患っていて、時に疲労骨折するまで練習してしまうのは、ある種の病気のせいだと指摘する。

彼らが人並み外れて努力するのは、向上心ゆえではなく、自分に懲罰とおもえるくらい過酷なトレーニングを課さないと不安になったり、気持わるくなったりする傾向があるらしい。

勝利を得ることで、その不安は解消されるが、その戦いは現役を引退するまで続く。

そんな「勝利依存症」のアスリートは現役引退後、家庭が崩壊したり、薬物中毒になったりする傾向があるとも……。

たとえば、あるサッカー選手は（自分は親から愛されていないといった）不安をまぎらわせるため、常軌を逸した反復練習を自らに課し、フィジカルの強さと卓越したボールコントロールの才能を身につける。同時に、人格や社会性に問題を抱え、人間関係その他がうまくいかず、しょっちゅうトラブルを引き起こしたり、奇行に走ったりする。

昔、ある精神科医が一流のスポーツ選手の「心の病」を治療したところ、症状は改善されたかわりに、平凡な成績しか残せなくなったという話を聞いたことがある。

さもありなんという話だとおもう。

おそらく「活字中毒」といえる状態の人も、おもいあたる節があるかもしれない。アスリートの反復練習のごとく、何かにとりつかれたように、次から次へと本を読んでしまう。「何のために」という愚問は、活字依存症の人の耳には届かない。

わたしも好奇心や向学心があるから毎日新刊書店や古本屋に通っているわけではないと自信をもっていえる。ただ、そうしないではいられないからそうしているだけなのである。

目で文字を追っているあいだは、余計なことを考えなくてすむ。本を読みたいという欲求によって、かろうじて生きているのではないかとおもえる時期があった。

今おもえば、腕時計爆弾の話を教えてくれた人は完全にワーカホリックだった。仕事のしすぎで書痙になり、まだ出はじめのころのワープロを百万円くらいで買ったという話もしてくれた。

わたしが「そんなお金があったら、一年くらい仕事をせず、ずっと古本を読んでいたいですね」というと、その人はちょっと不憫な子を見るような表情を浮かべた。

さすがに今はそうおもわないけど、当時は本気でそうおもっていた。

読書によって社会不適応になる。社会不適応が高じると、ますます読書にのめりこむようになる。自分がおかしいと気づいたときには、もう手おくれだ。

病と共生する道を模索するほかない。

たどりつくまでの時間

古本屋に行けば行くほど、あまり見ない本に出くわす確率は高くなる。

古本マニアにはなわばりがある。それぞれ日課といっていいくらい巡回しているコースがあり、そのコース上の店に関しては、昨日と同じ棚の中に新入荷の本があれば、すぐに気づく。

なんとなくピンとくる本がないなあというときは、店が仕入れを怠っているのではなく、ほかの似たようなルートをまわる同好の士が通った後であると考えたほうがいい。

「最近、誰それの本、見かけないねえ」

「いや、入ってもすぐ売れちゃうんですよ」

ほんの五分十分の差でほしい本が誰かに買われてしまったり、自分が通りすぎた後に補充されて買いそびれたりする。

だからといって、一日中、店に張り付いているわけにも行かない。さすがにそんなひまはない。

インターネットの古本屋でもそういうことが起きる。書名を検索してもひっかからない。ある

いはひっかかったとしても高くて手が出せないような値段がついている。とりあえず、諦める。忘れたころにもういちど検索してみると、探していた本がお手頃な値段で売っていることがある。その本がほしい度合によって、検索する回数が増える。古本好きの読書は、そうした運とかめぐりあわせとかに左右される。読みたい本を手にいれるまでにはそれなりの苦労がある。

たとえば、あるひとりの作家の本を揃えたいとおもう。一冊一冊、地道に集めるか、一括でまとめ買いするか。当然、一冊一冊、買いそろえたほうが楽しい。快楽と労力は比例するものだ。

音楽の世界では、すでにインターネットによる楽曲の配信がかなり普及している。

ときどき、二十代前半くらいの若いミュージシャンと話をしていると、昔のロックやポップスに詳しくて、驚くことがある。

でも、いろいろなことは知っているけど、熱烈に好きといえるようなアーティストはいない。

四十代くらいの同世代の友人とひとりのミュージシャンについて延々と語りあっていると、怪訝そうにこちらを見ている。

昔はそのミュージシャンを知って、アルバムを手にいれるまでにけっこう時間がかかった。

田舎に住んでいて、近くに中古レコード屋がなかったら、最新作を聴いたあと、デビュー作や前身のバンドのアルバムにたどりつくのに、五、六年かかることも珍しくなかった。

だから知識は穴だらけだ。その穴を妄想や愛着やらで埋めているうちに、熱烈なファンになっていく。まあ、そうなることがいいのかわるいのかは意見が分かれるところだろう。

＊

すこし前に郷里の三重に帰省したとき、平日の昼間、年金暮らしで一日中テレビを見ている両親の住む食料品や生活必需品をためこんだ備蓄庫のような家から歩いて三十分以上かかるところにあるショッピングモールの中の新古書店に行ってきた。

道を歩いている人はほとんどいない。

自分の前をからだの寸法を無視しただぶだぶのモッズパーカーを着た小柄で眼鏡の若者が歩いていた。齢は二十代後半くらいだろうか。もしかしたら三十代かもしれない。

髪の毛はべたっとしていて、何日も風呂にはいっていないかんじだった。

背格好や雰囲気が昔の自分と似ている気がした。

たぶん、無職だろう。いや、彼を無職だとおもうのはこちらの早とちりで、勤め人かもしれないし、株かなんかで儲けて一生働かないでもいい境遇かもしれない。

数メートルほど距離をとって歩いていると、その若者も新古書……もういいや、ブックオフに向かう。彼は百五円の文庫本の「は行」の棚付近で立ち読みしている。

本を買って精算をすませ、ドトールでコーヒーを飲んで、三十分くらいショッピングモールをまわってから、再び、ブックオフをのぞくと、若者は「ま行」の棚のところにいた。

何か話しかけたい気持になった。しかし平日の田舎町のブックオフに来ているような中年のおっさんにいきなり声をかけられたら、確実に不審がるだろう。

逆の立場だったら、わたしもいやだ。

夜十時すぎ、両親の住むマンションから歩いて十五分くらい離れた県道沿いにある古本とCDとゲームとトレカとフィギュアと古着と釣具と貴金属などを売っている大型リサイクルショップに行った。その店は文庫本はごくわずかしかなく、本の売り場面積の九割くらいは漫画が占めている。

帰りぎわ、文庫本のコーナーをのぞくと、またモッズパーカーの若者がいた。

その目は昼間見たときよりもさらにウツロだった。

東京に帰ってきてからも、ときどきその光景をおもいだす。

正直、わたしは帰省先に古本屋ができたと知ったときは嬉しかったのである。

しかし自分のことを厳重に梱包してから棚に上げなければならないのは残念だが、モッズパーカーの彼には「本ばかり読んでいたらだめだ」「世の中にはもっと楽しいことがあるぞ」といいたくなった。

あと「は行」と「ま行」の作家のことがちょっと羨ましいともおもった。

断捨離あれこれ

電車の中で本を読んでいて、降りなければいけない駅を乗りすごしてしまうことがよくある。おもしろくて、というより、読んでいるうちに、あれこれ考え込んでしまい、ふと顔を上げると、車両のドアが閉まっているということが多い。

電車に乗って本を読むのが好きなのだが、たいていは家でごろごろしている。

昨日も今日も家の外に出ていない。

うどん、雑炊、カレーライスを作って食い、コタツに入って、本を読んだり、詰将棋をといたり、テレビを見たり、酒を飲んだり、うたた寝したりしているうちに、一日がすぎていく。

病人のような生活だなあとおもう。ひょっとしたら病気なのではないのかと疑う。熱があるわけではないし、からだがだるいわけでもないが、寝てばかりいる。昨日今日そうなったのではなく、この状態が健康もしくはまあまあかなとおもっている体調なのである。

最近、雑誌を読んでいると「断捨離」という言葉をよく見かける。ものにたいする執着を「断

『もたない男』

つ」「捨てる」「離れる」という意味だそうだ。

気をつけなければいけないことは、「断捨離」に執着しすぎると、すっきりとものが片付いていないと落ち着かない気分になってしまうことだ。ものを減らしてすっきり快適に暮らすことを唱える本は、無駄ではないかとおもうほどたくさんある。それだけ需要があるのだろう。

話は戻るが、先日、電車の中で読んでいたのは、中崎タツヤの『もたない男』（飛鳥新社、後に新潮文庫）という本だった。ものを減らしたいけど、それができない人のための本ではなく、ものを捨てずにはいられない漫画家（代表作『じみへん』など）のエッセイ集である。

何もないガランとした仕事場。あらゆるものを捨てまくり、自分の本から単行本未収録の生原稿もシュレッダーにかけ、燃えないゴミに出す。

「このビョーキを私は〝スッキリ病〟と称しているのですが、そのくらいライトな感覚で自分の性癖をとらえています」

読めばわかるとおもうが、ライトとはいいがたい感覚である。

持っている洋服は、夏のポロシャツ三枚と冬用のトレーナー二枚、冬のジャンパーと春秋向けのジャンパーが一枚ずつ。新しい服を買ったら捨てる。

パソコンで仕事をしていたこともあった。しだいにそれを「もつ」ことがストレスになって、周辺機器やスキャナーにとりこんだ自作データもすべて処分してしまう。

資料も捨てる。写真も捨てる。本は読むそばから読み終わった頁を破って捨てる。カバーや帯、しおり紐も邪魔だからすぐ捨てる。書店では、本のカバーも袋ももらわない。そのまま店内をうろついていて、万引とまちがえられる。

とくに理由もなく、ある日、突然ものがいらなくなる。いらなくなったら、捨てたくてしょうがない。自分にとって無駄なものをもちたくない。仕事場だけでなく、自宅のものも捨てたくなる。家のものは、いちおう妻を（ときには何ヶ月にもわたって）説得してから捨てる。

しかも中崎タツヤの場合、捨てることも好きだが、買うのも好きで、かならずしも倹約になっているわけではない。エコでもない。

「コレクターの人たちが〝物欲〟と〝所有欲〟を併せもっているのに対して、どうやら私のなかには〝物欲〟と〝捨て欲〟が混在しているようなんです」

わたしが電車の中で考えていたのは、ものを捨てることを突きつめていくと、どうなってしまうのかということだった。

しょっちゅう身軽になりたいという衝動にかられる。中崎タツヤほど極端ではないが、わたしも衣服や靴を買ったら古いものはかならず捨てる。たぶん量もすくない。蔵書にしても本棚から溢れた本は売るようにしているし、「いらないものはいらない」という意識は、わりと強いほうだとおもう。ものが余っているより足りないくらいのほうが落ち着く。

だからこそ、捨てる（捨てすぎる）ことの副作用が気になる。ものを減らすことばかり考えていると、向上心のようなものがなくなってしまうのではないか。

『もたない男』は、ひとりの中年漫画家がいろいろなものを捨てまくった結果、どういう境地に達したかの記録である。

漫画家デビュー秘話や四国をお遍路する話も出てくる。

ものをどんどん捨ててしまう自分の性癖について、インターネット上の「中崎タツヤ日記」では「で、困るのは頭の中まで空っぽになってしまうことだ。どんどんいろいろなものから興味をなくしてしまうこと。致命的。ちょっとマジです」と綴っている。

「捨てる」ことや「片付ける」ことも、何かしらの歯止めが必要なのかもしれない。

また「断捨離」というのは、ものだけではなく、時間にもいえるのではないか。限られた時間の中で何もかもやろうとすれば、無理が生じる。かといって、無駄なことを削ぎ落としすぎれば、無気力になる。

とにかく予定を詰め込まないと安心できない人もいれば、その逆の人もいる。

何が捨てられ、何が捨てられないのか。この問題を考えはじめると、時間がいくらあっても足りない。さらに無駄をなくそうとして、掃除に明け暮れ、何もできないことがよくある。

電車を乗りすごすのは別にかまわないが、仕事をするひまがなくなるのは困る。

ワーク・ライフ・アンバランス

「金があるときはひまがない。
ひまがあるときは金がない。
金もひまもないことはあっても
金もひまもあることは曾てない
不公平である」（山田風太郎著『人間風眼帖』（神戸新聞総合出版センター））

金とひまの問題をずっと考え続けている。あまりにもそのことを熟慮しすぎて、働いたり遊んだりする時間がなくなることもある。

というわけで、ワーク・ライフ・バランスについて考えてみた。

ワーク・ライフ・バランスというのは「仕事と生活の調和」を意味する。近年、少子化の問題がきっかけになって、育児休暇や保育支援といっしょに語られることが多く、日本だけでなく、世界各国で「従来の仕事のあり方を見直そう」ということになってきた。

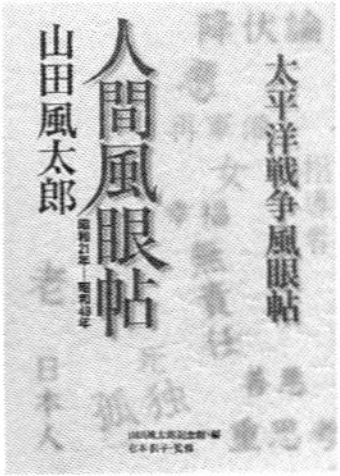

『人間風眼帖』

大学時代、周囲の友人が就職活動をはじめたとき、会社に勤める自分というものがまったく想像できなかった。自分の時間を持つことが収入や安定よりも優先順位が上だった。いつの時代も、お金とひまの両立は困難きわまる。

たとえば、一日会社で八時間働いたとする。睡眠時間、往復の通勤時間、食事や家事や風呂やトイレの時間、古本屋に行く時間、本を読む時間、テレビを見る時間、喫茶店で珈琲を飲む時間、飲み屋に行く時間などを考えると、どう計算しても一日二十四時間では足りない。

会社には残業というものがあり、「お金なんかいらんから帰りたい」といっても、なかなか家に帰らせてもらえないというおそろしい噂も聞いたことがある。

わたしの睡眠時間は平均八時間くらいである。季節によっては十時間以上ほしい。さらに厄介なことに毎日のように寝る時間と起きる時間がズレていく。

古本屋や中古レコード屋に行ったり、新聞や雑誌や本を読んだりする時間もほしい。食事や風呂や洗濯や掃除の時間を合わせると、それだけで一日の大半の時間はなくなる。

わたしの計算はまちがっていないはずなので、おそらく世の中のほうがおかしい。

世の中には、一日八時間の労働よりも一日一時間か二時間の労働のほうが力を発揮する人がいる。わたしもどちらかといえばそうかもしれない。昔から仕事の時間が長引けば長引くほど、やる気がなくなる傾向があった。

長年にわたって労働時間の「時短」や「裁量制」が論議されているが、ちっとも改善されていない。週休何日（最大七日）ということを好きに選べて、一日の仕事時間も出社時間も自由になれば、あまり働きたくないといった人でも、就職しやすくなるのではないか。

そんな会社があったら、どんなに給料が安くても、就職しようとおもったかもしれない。

無収入になるのは困るけど、そんなに働く必要のない人にとっても、そのほうがありがたいのではないか。ちなみに、ワーク・ライフ・バランスを導入している企業は離職率が低いという報告もあるそうだ。

もし働き方がもっと多様化すれば、勤務時間の長さに耐えられなかった人や放浪癖のある人が市場に参入し、ひまな人も増えるから消費も活性化し、就職氷河期は終わり、就職カンブリア紀を迎えることになるだろう。

＊

山田風太郎の『人間風眼帖』を読んでいたら、こんな話も出てきた。

「『お金にならなくても好きなことをやるか、あまり心に染まぬことでもお金になることをやるか、両者を選べ』

といわれたら、若い時には誰も前者を選ぶだろう。

しかし現実はみんな後者を選んで一生アクセクしている。

その理由は『お金にならなくても』という仮定が現実の問題になると一大事であること、『好きなこと』をつきつめると、それほど好きでもないことがわかること、『あまり心に染まぬこと』でもやってみればそれほど心に染まぬことでもないこと、『お金になること』がその多少の苦痛を補ってあまりあること、などが判明して来るからであろう」

かくいう山田風太郎は「したくないことはしない」を座右の銘にしていた作家である。

わたしが職業選択のさい、重視したのは「一、毎日、古本屋に行ける」「二、読みたい本を読みたいときに読める」「三、眠くなったら寝てもいい」ということだった。

それで「お金にならなくても好きなこと」をやろうとおもい、就職しなかった。しかしやはり齢を重ねるにつれ、考え方も変わる。

「好きなこと」の中にも「心に染まぬこと」がけっこうある。生活の余裕があれば、「心に染まぬこと」をしなくてもすむ。なんといっても、お金がないと「好きなこと」を続けられない。

お金にならない仕事をするひまがあるなら、お金にならない遊びがしたい。「あまり心に染まぬこと」に自分の時間を使うのであれば、それなりのお金がほしい。

お金を稼ごうとすると、ひまがなくなる。ひまになると、お金がなくなる。

最近、ちょっと忙しいので、またひまになったらこの問題を考えたい。

プレス75と若者企画集団

午後、神保町をまわり、夕方、中野のまんだらけ。家に着いたときには財布の中が小銭だけになっていた。厳密にいうと、二百三十一円。昔はしょっちゅうそういうことがあった。四十代にはいってからは、ひさしぶりだ。

この日、まんだらけの記憶（四階）の均一コーナーでプレス75の『趣味で儲ける　若者企画集団のすごい利益』（ワニの本、一九七七年刊）を見つけた。

プレス75というのは、戸井十月が主宰していたフリーライター集団。わたしが十九歳でフリーライターをはじめたころ、お世話になった人もこの本のスタッフだった。

当時、留守番のアルバイトをしていた編集プロダクションでわたしはプレス75の人と知り合った。事務所にはまだ高価だったマッキントッシュがあり、ひまだったから、友人を呼んで、「上海」や「テトリス」などの頭脳労働に従事していた。

ところが、突然、電源が切れ、作動しなくなってしまった。どうしよう。パソコンの中にはそ

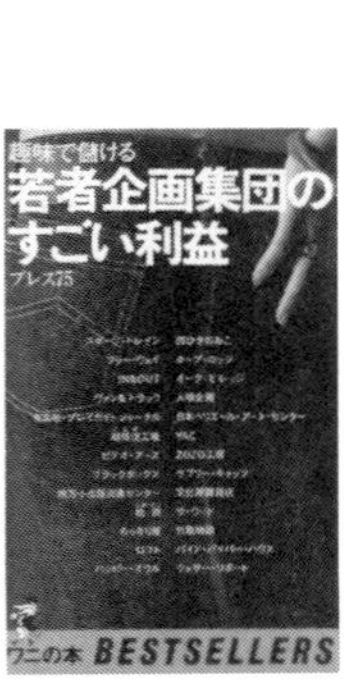

『趣味で儲ける　若者企画集団のすごい利益』

の事務所が制作中の単行本一冊分のデータが入っていて、日頃から「おめえら勝手にさわるんじゃねえぞ」といわれていたのである。

われわれは焦った。二時間くらいあれこれ試してみたものの、うんともすんともいわない。途方に暮れていると、マッキントッシュの側面にメモが貼ってある。

「何かあったときは○○まで」

メモには電話番号も記されていた。

おそるおそる電話すると、「わかった、今から行く」とその人はやってきた。

あっという間にパソコンは復旧した。それからいっしょに飲みに行って、プレス75時代のエピソードなどをいろいろ聞いた。

以来、プレス75関係の本をちょこちょこ買い集めている。

『趣味で儲ける……』は、三十年以上前の本だから、内容は古くなっているところもあるが、スピリットは健在である。

「金もない、名前もない、地位もない……そんなナイナイづくしの若者が何かを始めようとする時、唯一の財産となるのは、彼自身の〈感覚《センス》〉と〈行動力〉だ」

今の若者だって金も名前も地位もない（だろう）。

わたしが若者だったときも、いや、いまだに以下同文。

「ぼくたちにとって重要なことは、モノを持つことではなく、持っているモノ、あるモノ、技術や感覚の積み重ねのなかでつくられてきたモノをどう使いこなすか、という問題なのだ。
ぼくたちの発想は、すべてそこから出発する」

プレス75はそう宣言し、冗談製造販売、ネコの総合商社、旅行代理店、デザイン、出版、ビデオ映像会社、自主制作映画プロモート、ミニコミの印刷、流通、輸入販売、ヴァン&トラックの改造、古着屋、雑貨店、家具や工芸の制作、人形専門ブティック、ライブハウス、喫茶店、絵本専門店などを経営している若者たちを取材し、新しい生き方（仕事）を提示する。

この本に登場する人々は、二十代前半とか半ば（スタッフには十代の人もいる）で、自分で自分の仕事を試行錯誤しながら作っている。

プレス75自体、結成時のメンバーは二十代だった。

「メディアが利益の企画集団」という章では、「ぼくたちや、ぼくたちの仲間は活動を開始した。ただ待つだけではなく、もっと積極的にかかわることを。誰かさんがつくったメディアを、のぞき見するだけではなく、自分自身のメディアをつくることを……」とある。

大阪で「プレイガイド・ジャーナル（プガジャ）」を発行していた有文社は一九七三年設立。もともと六月書房という出版社があって、そこでプレイガイド・ジャーナル編『大阪青春街図』を作った。ところが、第二弾の『京都青春街図』が出来上がる直前に会社が倒産してしまう。

途中でやめるのは残念におもい、自分たちで出版社を作ることにしたという。

印刷業及び各種企画のブラックボックスのボスは「ともかく、印刷物というのは、もらうべきものか買うべきもの、と思い込んでいる人が多すぎますね。まずはガリ版でもいいから、自分の手で、自分のメディアをつくることを考えてほしい」と語っている。

でも何よりおどろいたのは、この会社のスタッフの中に二十五歳の島本慶（なめだるま親方）の名前があったことだ。同姓同名の別人かもしれないが……。

また地方・小出版流通センターの紹介記事は、今、読んでもそのとおりだとおもった。

「本来、出版なんていうのは、とっても個人的な作業なのじゃないかと思うんですよ。今は、出版界に通じていない場合は、道楽で本をつくるみたいなことしかないわけでしょ。どんな人がつくったものであれ、内容がしっかりしていて、商品として耐えられるものならば、確実に読者はいるはずだと思うんです」

この本に登場する若者集団のいくつか（大半？）は今では消息不明だが、京都のライブハウス拾得のように「老舗」になっているところもある。

今、就活中の学生は何十通もエントリーシートを書いて、試験を受け、面接を受け、わけがわからないまま不採用になる。そんな彼らを見ていると、もうすこし自分で自分の仕事をつくるという〈感覚〉と〈行動力〉があってもいいのではないかという気がする。

これからどうなる

三月十一日、地震が起こった日、京都にいて、翌日は三重の両親の家ですごしていた。テレビで福島原発から煙の出ているニュースを見て、「これはたいへんなことになる」とおもった。

東京に帰ってきたら、本棚の本のほとんどが床に落ちていた。余震が続くなか、元に戻したところで、また落ちてくるのではないかとおもうと手がつけられない。

手っとり早く古本屋に本を売ろうとも考えたが、蔵書の半減期は五年か十年はかかるといわれている。もっと長引くかもしれない。

わたしは崩れた本の中から星野博美著『銭湯の女神』（文春文庫）を手にとった。

この本、何度読んだかわからない。読むたびに、その身軽さがうらやましくなる。

香港から日本に戻り、JR中央線沿線の西荻窪のアパートに引っ越し、部屋には家具らしきものが何もなく、みかん箱（青島みかんのダンボール）をテーブルがわりにしていた。

あるとき、部屋をたずねてきた友人に「この部屋には家具らしきものが一つもない。明日ここ

『銭湯の女神』

を動こうと思ったらすぐ動けるように、故意にそうしてるのね」といわれる。

テーブルが買えないほど、お金がないわけではない。しかし一度も買おうとおもったことがない。では、どうして買わないのか。

「そんなことを考え始めたら、自分にはいくつかの奇妙な習慣があることに思いいたった。私にはどうしても買いおきということができない。食料品はいうまでもなく、シャンプーや歯磨き粉、石鹸にいたるまで、割高でも一番小さくて量の少ないものしか買うことができない」（「私がテーブルを買う時」）

薬局の店先で、ポンプ入りのシャンプーを見て悩むこともあるが、いつ使い切れるのかと考えると、手を出せない。旅を続けているうちに、常に楽に動くことができ、損害を軽くすることを優先して考える癖がついたそうだ。

すこし前に二十代の若い友人のアパートに遊びに行ったとき、テレビや食器棚や本棚がない部屋に驚いたことがある。

「あまりモノを持ちたくないんですよ」

古本好きの若者はそういった。

「嫌消費」という言葉があるが、まさにその典型といえるようなライフスタイルだ。

今の若い人は、生まれたときから日本が豊かだったから（その後、ずっと下り坂だったから）、物欲があまりないといわれている。もちろん人による。

先の見えない時代を生き抜くには、身軽であることが望ましい。

今回の地震でわたしの住んでいるマンション（賃貸）に大きなひびが入った。余震のたびに天井のパネルが落ちたり、壁が崩れたりする。

万が一のことを考えると、早く引っ越したほうがいい気がしている。

でも面倒くさい。とくに本を運ぶのが。

モノが多ければ多いほど、身動きがとれなくなり、決断が鈍る。

今回の震災、あるいは原発事故の報道を見て、豊かで快適な生活の負の部分について、多くの人が気づかされたのではないか。

わたしも今まで通りの生活でいいのかと考えさせられた。

三十歳くらいまで風呂なしアパートに住んでいた。中央線沿線でも、この十年くらいで風呂なしアパートと銭湯の数はずいぶん減っている。

震災後、仙台の青葉区に住む友人に、何週間も風呂に入ることができなかったという話を聞かされた。ガスの復旧、あるいは下水の修復が遅れたからである。

昔は、町に一軒か二軒、銭湯があった。

『銭湯の女神』の「ストレスを　おふろで流す　きょうもまた」というエッセイでは、バブル期に都内の実家を出て、中央線の阿佐ケ谷の風呂なしアパートに移ったころの話が出てくる。

家を出たい。でもひとり暮らしをするには家賃は高すぎる。著者がそんな愚痴をこぼしていたら、母にこういわれる。

「家を出たいんだったら、どんなことでも我慢しなさい。そんなに風呂に入りたかったら、一生家にいて親のいうことを聞きなさい。風呂一つも我慢できない人間が偉そうな口たたくんじゃないよ」

その一言で風呂なしアパートに引っ越した。その後、風呂付きの部屋に移り住むが、香港での海外生活を経て、再び銭湯生活に戻る。

風呂のない生活も慣れると楽しい。

「引越しを繰り返し、新しい住環境に適応できるようになればなるほど、許容範囲が広がっていくのは皮肉なことだ」

この予想は外れてほしいのだが、この先、たぶん日本は貧乏になるとおもわれる。豊かになると、貧乏生活のためのインフラや文化が失われる。

復興といっても、今まで通りの生活レベルに戻すだけではなく、貧乏でも楽しく生きていく道も考えていきたい。それが今わたしにできること。

というわけで、これから近所の小杉湯で一風呂浴びてこようとおもう。

震災と三輪正道

ゴールデンウィーク中、京都市勧業館（みやこめっせ）の古本まつりに行ってきた。

この時期、東京でも古本イベントがたくさんあり、今までみやこめっせの古本市に行ったことがなかった。行っておどろいたのは、会場がやたら広いということ。都内の古書会館の五、六倍はあるかもしれない。

途中、本を探しているうちに、立ちくらみがした。会場の地下でも、均一本のセールをやっていて、そのそばのベンチで十五分くらい休む。

そのあと出町柳駅でレンタサイクルを借りて、古書善行堂に行く。店主の山本善行さんと本の話をしているうちに、三月十一日の午後二時四十六分ごろも、この店にいたことをおもいだした。

震災前後に買った古本はほとんど積ん読のままである。崩れた本を元に戻したり、テレビのニュースを見たり、インターネットの原発情報を追いかけているうちに、一日がすぎていく。

五月の連休が終わって、ふと読みたくなったのは、三輪正道の本だった。

『泰山木の花』

『泰山木の花』（編集工房ノア）のあとがきから読みはじめ、いきなりはっとさせられてしまった。

「三十代の終わりをむかえ、幾つか同人誌に書いたものを一冊にしてもイイなあ、と思い準備にかかっていた。一年ほど前から自分でも不思議と思えるほど日々の暮らしが安穏で充実感を覚えるようになってきた。まあ、自分へのご褒美だ、と素直に思えるようにもなった。そこへ、大震災がきた。この非日常を目のあたりにして、グダグダと書きつらねた自分のものなど、何の価値があるのか疑わざるを得なかった」

　この本が刊行されたのは一九九六年十月。三輪正道は神戸の須磨区在住である。

三輪正道のことを教えてくれたのは、京都在住の扉野良人さんである。

「スイムコウという本がおもしろいですよ。酔う夢を行くって書くんです」

たしか高円寺北口の庚申通り商店街を散歩しているときに教えてもらった。行きつけの喫茶店に行く途中だった。

三輪正道は『酔夢行』（編集工房ノア）のあと『酒中記』（編集工房ノア）という本も刊行している。

この二冊は、当時、神保町にあった書肆アクセスですぐ買うことができた。でも『泰山木の花』はなかった。古本屋の知り合いにたずねても「あまり見ないよ」といわれた。

　一九九五年一月十七日の阪神大震災のとき、わたしは東京にいたのだが、震災の数日前まで高知にいて、その後、徳島と香川の古本屋をまわり、高速フェリーで大阪に渡って、前日の昼ごろまで大阪の友人の家にいた。

旅行から帰ってきて、すぐ風邪をひいて、熱が三十九度くらい出て、意識がもうろうとしていたときに阪神大震災のニュースを見た。東京でも布団の中にいて背中に揺れをかんじたのだが、そのまま寝てしまった。

『泰山木の花』に「生田新道・下山手通二丁目」という文章がある。

阪神大震災の後、三輪正道はこれまで月に一度のペースで通っていた奈良の文章教室に行った。いつもなら、仲間と一杯やるのだが、その気になれない。

「被災地、これは私の現場なのだ！　という気持ちがつよく、いまは神戸に早く戻りたかった。しかもあの一月十七日から、奈良・大阪に住む文章仲間たちと微妙に、いや決定的に違ってしまったものが、私の意識にできていた」

阪神大震災の前日、三輪正道は、奈良で作っている同人誌の新年会に参加していた。その帰りに、酔っぱらって電車の中で寝すごしてしまい、三ノ宮駅で降りたときは、最終の地下鉄は出てしまっていた。この日、生田新道のサウナに泊まった。

サウナの仮眠室で寝ているとき、地震が起こる。揺れで飛び起きたが、立つことができない。

揺れがおさまった後、徒歩で十キロ以上の道を歩いて家に帰った。

三月になっても、三輪正道の頭の中は、震災のこと以外は一切受けつけない。

「奈良・大阪には、あの地震は過去だったかのような普段と変わらぬ日常がある。それがあたりまえのことだ、と頭ではわかっている。しかし…」

「しかし」のあとの「…」にこめられた三輪正道の困惑が、十六年後の今、わたしはようやくすこしだけわかった気がする。

三月十一日以降、被災地とそれ以外、それ以外はそれ以外で、関東と関西ではその影響はずいぶんちがう。

京都から帰ってきて、本を読むには読んでいるが、いまだに目で文字を追っても、なかなか頭にはいってこない。

今の自分の不安や不満なんて、この国難といえる状況、いや、国難でなくても、どうでもいいものだという気がしてしょうがない。

もしかしたら、自分と同じような気持の人もいるのではないか、きっといるはずとおもいながら、ぐだぐだとした文章を書いてみるものの、「しかし…」と意識したとたん、力んでしまい、ぐだぐだではなくなってしまうのだ。

これまでの自分の調子が変わってしまい、調子の戻し方もわからず、戻していいのかもわからず、世の中から必要とされていない気分にひたりながら、ヤケ酒。当然、二日酔いになる。

申し訳なくおもうが、誰に謝ったらいいのかもわからない。

ブックカフェ火星の庭

五月末、午前零時前、東京駅の八重洲口から高速バスに乗る。目的地は仙台。インターネットで予約したチケットは四千円だった。

京都在住の扉野良人さんが上京し、これから仙台に行くというので、ついていくことにした。

三年ほど前から仙台のブックカフェ火星の庭で古本の販売をはじめ、その売り上げが交通費と飲み代くらいになったら、遊びに行っていた。

でも震災後は初。バスの中では一睡もできず、朝五時、仙台に到着し、火星の庭に行く。

店に入ると、おにぎりと布団が用意してあった。しばし仮眠。

火星の庭では、盛岡、仙台、秋田、会津若松を巡業する東北ブックコンテナが開催中だった。それぞれの県の出版物、地域誌、民芸品、お菓子などを販売していて、会津織のブックカバー、南部鉄の栓抜き、『盛岡の喫茶店』（写真・文／奥山淳志、木村有衣子、まちの編集室）を購入した。

火星の庭の前野さんに塩釜、石巻、七ヶ浜を車で案内してもらう。前日、宮城沿岸を大雨と強

『ブックカフェのある街』

風が襲っていて、浸水や冠水がニュースになっていた。海が見えないようなところまで塩水がきている。川一本、道路一本隔てるだけで、津波の被害の明暗を分けている。何事もなかったかのような家と一階の窓ガラスがすべて割れ、土嚢が積まれた家が並んでいる。塩釜の古本屋の明日香書店は休業中。

ほぼ一年前、塩釜、松島に行って、名取市の知り合いの家に泊めてもらったことをおもいだした。幸い、知り合いは無事だったのだが、津波で蔵書は流されてしまった。

昼すぎ、石巻の日和山公園に着いた。テレビの映像で何度も見た公園である。公園は、旧北上川の河口が見下ろせる高台にあり、河口付近のマルハニチロの看板は見覚えがあった。中瀬地区のほうを見ると、宇宙船型の石ノ森萬画館がある。津波だけでなく、大きな火災に見舞われた海岸付近は更地になっていて、パワーショベルやトラックもまばらだった。

ここに町があったとはおもえない。

あまりにも想像をこえた光景を目にすると、感情の動きが止まってしまう。視界から入る情報を処理できないのである。

七ヶ浜のほうは倒壊した家、積み重なった車、さらに住宅地にまで津波で流された船が残っていた。このあたりは高級住宅地で大きな家が多く、湘南や鎌倉の雰囲気に近い。

夕方、仙台に戻り、メディアテーク向かいにある三月にオープンしたばかりのホルンという喫茶店でコーヒーを飲んだあと、繁華街の銭湯に寄って、版画家の若生奇妙子さんがアパートの一室で営むごはん屋つるまきに行く。

すでにBook! Book! Sendai! のスタッフの人たちも集まっていた。

スタッフには気仙沼や名取市の出身者もいる。

実家の庭ギリギリまで津波が押し寄せてきたけど、無事だったという話を聞く。

印象に残ったのは、「怠けたいとかがんばりたくないとかっていえない雰囲気がつらい」という言葉だった。

弱音のはける場所や関係は大事だなと。わたしはといえば、ボランティアをするわけでもなく、経済をまわす気もなく、ただ遊びに行っただけなのだが、またいっしょに酒が飲めて嬉しい。

Book! Book! Sendai! は、二〇〇九年から開催されているブックイベントで今年も開催されることになった。「6月の仙台は本の月」をキャッチコピーにサンモール一番町商店街の一箱古本市をはじめ、製本講座や出版者（社に非ず）ワークショップなど、仙台が「本の杜」になる。

このイベントには、わたしはわめぞ（早稲田・目白・雑司ケ谷）枠でまぜてもらっているのだが、一回目は「わめぞ古本縁日」という形で火星の庭と書本&cafeマゼランの二店舗の店の前で古本を売った。

二回目は、一箱古本市の会場で「出張わめぞ」として参加した。家族連れが多く、会場の雰囲気がよくて、のんびり本を見ることができる。

東京に帰ってきて、前野久美子編・著『ブックカフェのある街』（仙台文庫）を読み返した。一九九九年、本屋のアルバイトを辞め、これからどうしようかとおもい、以前働いていた出版社のカタツムリ社の加藤哲夫さんの元を訪ねる。

すると「もう勤めるのはやめて、自分でやったらいいんじゃない？」。

その一言がきっかけで、次の日から店舗を探しはじめる。

「結局、九十軒の不動産屋にあたって、仙台の北から南の端まで、空き店舗を百五十軒くらい見てまわった」

カフェのある古本屋をやりたいと説明すると、「マンガ喫茶のようなものですね」といわれる。物件を探しながら、開店までの間、古本屋の見習いをする。

次から次へと面倒見のいい人が現われ、二〇〇〇年四月十六日にオープンした。

「『やりながら考える、またはやってから知る』という博打的手法。ほかのお店のことは知らないけど、たぶん私達の経験は、これからお店をやる人達にとっては反面教師にしかならないだろう」

反面教師かどうかは別にして、桁外れの行動力はちょっと真似できそうにない。

しかし、今では仙台においてなくてはならない店になっている。

ある日突然プルードン

封印していたわけではないが、ふと忘れていたある事をおもいだし、断線していた自分の過去の記憶がつながるという経験をした。

話は高校時代にさかのぼる。

わたしの父は三重県の鈴鹿市の自動車工場に勤めていた。父の趣味は読書で、本棚には第三の新人や開高健、山口瞳といった作家の本が並んでいた。あと世界文学全集、日本文学全集もあった。わたしは特別に本が好きなわけではなかった。どちらかといえば、漫画が好きだった。

吉行淳之介や開高健や山口瞳を読むのは、上京後、二十歳すぎてからだ。遠藤周作のエッセイや対談集だけは読んでいた。遠藤周作の、便意に耐えながらトイレにたどりつくまで、心の中で「お猿のかごや」を唄うといいというアドバイスを妙におぼえている。

それはさておき、高校二年の夏、わたしは無政府主義者になったのである。

何の脈絡もなく、突然に。

『プルードン・セレクション』

最初がプルードンだったことは、はっきりしている。でもいきなりプルードンにはいかないでしょ、ふつう、と考えるのが良識というものだ。

その後、何故アナキストになったのかと聞かれるたびに「大杉栄を読んで」と答えていた。でも大杉栄を読んだのは、名古屋の予備校に通っていた浪人時代だ。たしかに自分がアナキズムがなんたるかを知ったのは、大杉栄を読んで以降であることは、まちがっていない。

高校生のころ、無政府主義者になったわたしはプルードンのファンだったのである。もしかしたら、プルードン、プルードンと連呼しながら、プルードンがどんな人物か、何の説明もしないのは、読者に不親切かもしれない。

本名はピエール＝ジョゼフ・プルードン（一八〇九～一八六五）。フランスのブザンソンの出身だ。貧しい家に生まれ、印刷工をしながら独学で思想を学び、後にアナキズムの父と呼ばれるようになった。

彼が残した有名な言葉は「財産は盗みだ」である。

長年、自分自身でも謎だったプルードン主義者になった理由なのだが、今日の朝、眠れなくて、目をとじたまま、子供のころに住んでいた長屋の父の本棚をおもいだしていたら、「そうだ、あれだ」ということがわかった。

この文章の前半にちょっとヒントがある。

遠藤周作なのである。

小学生のころに遠藤周作を読んでいたから、フランス文学というものがあることだけはなんとなく知っていた。

数年後の高校二年の夏休み、家でずっとごろごろしていたとき、世界文学全集を見た。見ているうちに、何の気なしに手にとったのが、スタンダールの『赤と黒』だった。二段組の小さな活字で自分の手には負えなさそうだとおもいながら、寝るのも忘れて一気に読んだ。

なぜ忘れるんだ、と自分でもおもう。『赤と黒』に夢中になりすぎて、翌日から、世界史の教科書や年表でフランス革命やパリコミューンなど、十九世紀のフランスの歴史を調べまくり、自転車で図書館通いをし、そのうち、当時、マルクス（この名前くらい知ってました）のライバルといわれたプルードンにたどりついた。

そこで県でいちばん大きかった四日市の白揚という新刊書店で文庫クセジュの『アナーキズム』を購入し、蛍光ペンを引きながら、プルードンの項目を読み、現在、河野健二編『プルードン・セレクション』（平凡社ライブラリー）の元版をわずか数ヶ月のあいだに何度も読み返した。

若き日のプルードンは、帽子も靴も教科書も買ってもらえないような貧乏な家に育ったが、図書館にいりびたり、本をむさぼり読んだ。十六歳で、印刷所の植字工となり、校正工になる。

二十歳そこそこの植字工のプルードンの学識におどろいた言語学者のグスタヴ・ファロは、「君は哲学者となるだろう。君は時代の光の一つとなるだろう。君の名前は一九世紀の年鑑のなかに場所をもつだろう……それが君の運命なのだ！」とパリに出て文筆家になることをすすめる。

支配と搾取のない社会を理想としたプルードンは、富める者がますます富み、貧しき者がますます貧しくなるような、あらゆる制度を徹底して否定した。小作料、利子、家賃収入といった不労所得をなくせともいった。中央集権を批判し、地方の自由を呼びかけ、分権制や労働者のための人民銀行を提唱した。

かなり過激な思想だが、田舎でくすぶっていた、失うものがほとんどない無力な高校生には魅力あふれる主張である。

何よりもわたしの心を打ったのは、若くて貧乏なプルードンを激励したファロの存在である。自分のまわりには、そういう大人がいなかった。「おまえは社会で通用せん」とか、やることなすこと否定された。わたしもいわれたかったよ。「時代の光の一つとなるだろう」って。

プルードンにいたるきっかけが『赤と黒』だったことをなぜ忘れていたのだろう。

ひとつ考えられるのは、あまりにも急に読み慣れていない本を読みすぎて、頭の中が混乱して、それ以外の様々な記憶を削除してしまったのかもしれない。

『赤と黒』が自分の本ではなく、読み終わってすぐ父の本棚に戻したということもある。

今年の夏は『赤と黒』を再読しようとおもっている。

神話なき時代の人生設計

大型書店の震災と原発関係の本のコーナーを見ると、あまりの量に途方に暮れる。たぶん一週間に十冊、二十冊というペースで刊行されている。これだけの数になると、片っ端から読むわけにもいかないし、読めば読むほど混乱しかねない。

そんな中、わたしがもっとも読みたいとおもった震災関連の本は、橘玲の『大震災の後で人生について語るということ』(講談社)である。橘玲は『マネーロンダリング』(幻冬舎文庫)などの金融小説、もしくは海外投資の本で知られる作家だが、『知的幸福の技術』(幻冬舎文庫)、『残酷な世界で生き延びるたったひとつの方法』(幻冬舎)といった経済から科学まで広範な知識にもとづいたエッセイも素晴らしい。

「経済的な基盤がなければ、人は自由には生きられない。こんな単純なことに気づくまでに、ずいぶんと回り道をした。そして、自分の人生がいかに多くのものに依存しているかを知って慄然とした」(「幸福が続くと信じていた」/『知的幸福の技術』)

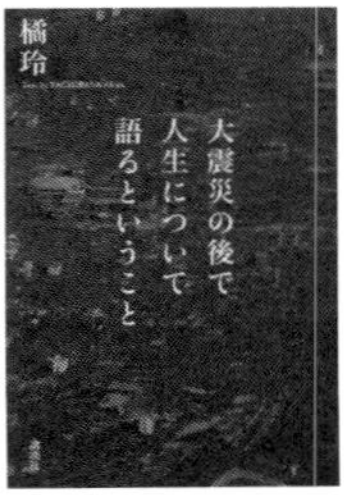

『大震災の後で人生について語るということ』

橘玲のエッセイは、不公平で理不尽な社会から、自分と家族を守るための方法がテーマになっている。『残酷な世界で生き延びるたったひとつの方法』では、行動遺伝学の学説を引きながら、知能や能力、性格にも遺伝の影響が少なくないと指摘し、「適性に欠けた能力は学習や訓練では向上しない」と断定する。

体力や運動神経に自信のある子どもは、スポーツに努力を傾け、スポーツが得意でない子どもは勉強に集中する。当然「残酷な世界」では、小集団の中では優位になる能力も、母集団が大きくなれば、埋没してしまうこともある。

それを回避するには「やればできる」という幻想を捨て、「やってもできない」という事実を直視し、自分に適したニッチ（生態的地位）を見つけるしかない。

わたしは経済に関して、ずっと不勉強だったし、この先も得意分野になることはないと半ば諦めている。それでも橘玲のエッセイを読んで、経済を学ぶことの意味は、お金を増やしたり、競争社会の勝者になったりするのが目的ではないと教わった気がする。

橘玲の本は、経済やお金の話をしつつも、いつの間にか「自由」や「幸福」の話になっている。また「人生の選択肢」も大事なキーワードだ。

新刊の『大震災の後で人生について語るということ』は、震災前から刊行を予定していた。持ち家のリスク（不動産神話）、サラリーマンのリスク（会社神話）などへの警告は、従来通りの主張がくりかえされているようにおもえる。

しかし震災後、単なる軌道修正ではなく、人生を根本から見直そうとした。

「私がこれまで書いてきたことは、この圧倒的な現実の前ではたんなる絵空事でしかありませんでした」

その逡巡と葛藤は、東日本大震災から約三週間後、橘玲の公式サイトでも綴られていた。そのときのタイトルが、この本にそのまま使われている。

大震災と原発事故はこの社会をどう変えるのか。この先、個人と社会は、どの方向を目指せばいいのか。十四年前に日本を襲った「見えない大災害」とは何か。

戦後の日本人の人生設計は「不動産は上がりつづける」「会社はつぶれない」「円はもっとも安全な資産だ」「国家が破産することなどありえない」という四つの神話の上に成り立っていた。日本の経済成長は人口増というボーナスによるところが大きい。少子高齢化の人口減少社会では、これまで通りの成長は望めない。戦後、日本の発展に貢献した人々も大量の高齢者を扶養できるほどには、社会を豊かにできなかった。

もしかしたら、社会学の本やビジネス書を読み慣れている人には、周知の事実かもしれない。経済、科学、時事問題に関しては、他にも優れた専門書はあるだろう。しかし、それらを統合した知見が生活教養と結びついた本は稀である。

「大震災が明かしたのは、ほとんどのひとが経済的な選択肢など持っていないということでした。避難所で暮らす高齢者に自助努力や自己責任を説いたところでなんの意味もありません。必要なのは社会全体のリスク耐性を上げ、それによって、リスク許容度の低い個人を支えていくことです」(「わたしたちになにができるか」／『大震災の後で…』)

まったく異論はない。ただ、現実の社会は(自分が損する)変化を望む人はほとんどいない。それゆえのっぴきならない事態になるまで、なし崩しの現状維持が続く可能性が高い。

とはいえ、橘玲の提言が「絵空事」に終わったとしても、彼の人生設計の有効性が失われることはない。むしろ見通しの立たない国家や制度に頼らず、「人生の選択肢」を増やしたほうがいいという教えが正しかったことになる。問題は、その教えを実行に移せるのは、ごく少数の才能と経済力のある人に限られていることだ。おそらく大震災の後、あらゆる仕事を中断した理由も、自分の推奨してきた人生設計が、一部の人にしか通じないことを痛感したからだろう。

震災後、これまでの冷徹な分析にくわえ、「残酷な世界」をすこしでもよくするための言及をはじめた。読書の喜びはひとりの作家の転機に立ち合えることだとおもっている。

この本にはそれがある。

追記：二〇一三年三月に『日本人というリスク』と改題の上、講談社＋α文庫より文庫化された。

読書低迷期と野球の本

数年に一度、いや、年に何度か、本が読めなくなる時期がある。

日頃は、雨の日も風の日も腰痛の日も二日酔いの日も、古本屋をまわる。そして本の頁をめくっているうちに、時間を忘れ、仕事を忘れ、今、何の本を読んでいるのかすら忘れるほど没頭することができる。ところが、突然、どういうわけか、読書欲が減退し、新刊書店や古本屋のちかくまで来ても、その前を通りすぎてしまう。家の中の積ん読本の山にも手が伸びない。

適度に入手難の作品を追いかけているうちは、古本屋通いも楽しい。好きな作家の未読の本を次々と読破しているあいだは至福といっていい。

そうした時間は長く続かない。入手しやすい本は半ば揃い、そのうちほしい本はきわめて遭遇率の低い本や手を出しづらい高値の本ばかりになって、そのうち店の本棚を見ても、気持が高ぶらなくなる。

このままではいけない。そういうときは気分転換するしかない。

『ドラフト1位　九人の光と影』

先日、郷里（三重県）に帰省するさい、澤宮優著『ドラフト1位　九人の光と影』（河出文庫）を鞄にいれた。

『ドラフト1位』は、近年のスポーツ関係のノンフィクションでは、まちがいなくエース級の本ではないかとおもう。二〇〇八年に単行本が刊行されたときは、読み終わってしばらく呆然とし、またすぐ読み返してしまったくらいだ。

この本で取り上げられているドラフト1位の選手は、巨人に入り、その後、阪急ブレーブスのマスコットに入った島野修、六大学野球の三冠王の大森剛、甲子園を沸かせた野中徹博、黒田真二、澤井良輔、神宮のスターの高木大成、荒川堯、プロ入りを拒否した小林秀一、志村亮の九人。現役時代の印象がまったく残っていない選手もいるが、読後、ひとりひとりの選手の人生があまりにもドラマティックかつ濃厚で忘れられなくなる。

ドラフト1位といっても、希望球団に入った人、入れなかった人、そうした運不運がある。厚いプロの壁にはばまれ、理不尽な運命に翻弄されながらも、必死になって活路を切り開き、第二の人生を歩んでいく。

中京高校のエースの野中徹博投手は、阪急に入団したが無理な練習がたたって肩を壊し、一勝もできず、オリックス時代、打者に転向するも、二十四歳で引退。その後、ラーメン店、訪問販売員、広告代理店、ロケバスの運転手と職を転々とし、水島新司の草野球チームで野球をはじめる。はじめは野手として参加していたのだが、しばらくして、マウンドに上がったら、肩の痛みがなく、かつてのような豪速球が投げられるようになっていた。

その球を受けた元横浜大洋の若菜嘉晴捕手は「お前、まだ現役行けるぞ！」と叫ぶ。

野中は現役復帰を決意し、台湾の球団、中日、ヤクルトと渡り歩くことになった。

そして悲願の瞬間を迎える。

『ドラフト1位』は、栄光と挫折のドラマだけでなく、組織と個人の問題を考えさせられる本でもある。

強豪球団に入ってしまったせいで、二軍で素晴らしい成績を残しても、一軍に上がれない。コーチの指導で次々とフォームやポジションを変え、本来の持ち味を失ったり、指揮官が変わって、チームの構想から外されたりすることもある。どんなに実力があっても、同じポジションにもっとすごい選手がいたら、レギュラーになれない。

フォア・ザ・チームといっても、自己犠牲と自己保身のバランスが必要なことはいうまでもない。コーチに逆らって、自分のスタイルを貫いたほうがいい場合もあるし、レギュラーになるには、一度、自分のスタイルを捨てたほうがいい場合もある。野茂英雄やイチローのように、我が道を貫き通して大成した選手もいるが、それは稀有な例である。

『ドラフト1位』を読んでいると、抜群の素質を持ちながら、おもうような成績を残せなかった選手には何かしらの共通点があることに気づく。

プロの世界で一流になるには「無事是名馬」であること。

だから組織と個人の問題で折り合いがつかない場合、自分のからだ（と心）を守ることを最優先に考えたほうがいい。

チームの勝利のために、自分のからだを壊し、選手生命が短くなっても、その後の生活の面倒をみてもらえるわけではない。首脳陣から無理な要求をつきつけられ、それを突っぱねたら、使ってもらえない。かといって、無理を重ねてケガをしたり、意にそわないフォーム改造で自分の持ち味を失ったりしたら、元も子もない。一ファンとして、チームの勝利を願いつつも、応援している選手が潰れるところは見たくないのである。

からだを壊さず、情熱さえ失わなければ、他の球団や海外で活躍する道も残されている。

何より引退後、新たな希望や目標を見出す能力の有無こそが、人生の勝敗を分けることをこの本から学んだ。

気持がたるんでいるときに、厳しい勝負の世界の話を読むと、すごく刺激を受ける。

ふとおもったのだが、ペナントレース終盤になって、ひいきのチームが優勝争いに絡んでいると、わたしは仕事が手につかなくなる。今年のような混戦はとくに。

ひょっとしたら今の読書低迷期もそのせいかも。

十年に一作を求めて

没後十六年、山口瞳の単行本未収録エッセイ集が続々刊行されている。今年の四月に『山本さんのいいつけ』、八月に『わたしの生活手帖』（いずれも河出書房新社）が出た。エッセイ集だけで十冊になる。十月には『人生論手帖』（河出文庫）も刊行された。

好きな作家の未収録作を探すのは、骨の折れる作業である。

中野朗著『変奇館の主人　山口瞳 評伝・書誌』（響文社）を手にとったときのことは、今でもおぼえている。一九九九年十一月、三十歳の誕生日に、神保町にあった書肆アクセスでこの本を見つけた。目次を見た途端、すごい仕事だとおもい、迷わず、買った。

『変奇館の主人』は五百五十頁をこえる大著なのだが、その半分ちかくは「著書目録」と「著作目録稿」である。鎌倉アカデミア時代にペンネーム（富井高）で書いた詩と小説まで記述してあり、まだ見ぬ山口瞳作品におもいをはせた。

この本の「はしがき」で中野朗は「確かに私は長い間、山口瞳氏の作品を読むことで、勇気づ

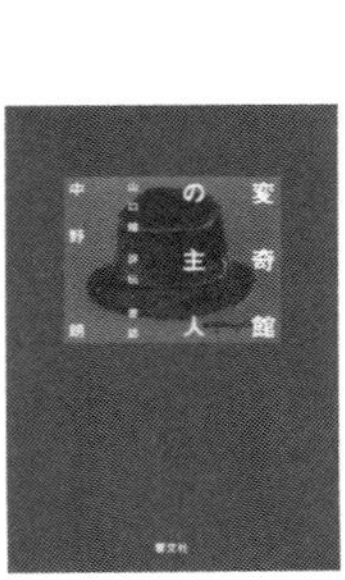

『変奇館の主人　山口瞳 評伝・書誌』

けられ、元気をとり戻してきた。昨年私は勤務先の会社から永年勤続表彰を受けた。会社生活は平坦なものではなく、途中何度も辞めようかと考えたことがある。気持ちが沈んでいるとき、鬱屈するものがあるとき、何もかも放擲したくなったとき、きまって山口瞳氏の作品を読みたくなった。寝床のなかで何篇か読むうちに、気持ちが伸びやかになっていくのが分かった。そして、もう少し頑張ってみようかと思い直し、眠りに入ることが何度もあった」と綴っている。

中野朗はすでに亡くなっている山口瞳の作家寿命を伸ばした功労者のひとりといっても過言ではない。

会社勤めの経験がないわたしも、二十代後半から三十代にかけて、山口瞳に耽溺した。父の蔵書から無断拝借しつつ、その著作をほぼ揃えた。わたしは私小説作家として山口瞳を読んだ。現代の作家でこれほど自分の仕事に厳しい人がいたのかと驚いた。

『山本さんのいいつけ』の中に「私の出発点」というエッセイがある。

「小説というものは、十年に一作しか出来ないというのは、私個人の考えであって、他人には通用しない。私小説というのは、身辺雑記のように扱われることが多いが、実際は、どうしたって、それくらいの年月が必要になるのである。（そう思っている）」

しかし「十年に一作」では暮らしていけない。書きたくないものを書き、発表したくないものを発表したこともあった。

「イヤイヤ書くのではなくて、書かずにはいられないというふうなものでありたい。出来不出来は別の問題になるが、それが小説だと思う」

デビュー作の『江分利満氏の優雅な生活』の最終章「昭和の日本人」を書いて、「言いたいことを全部言ってしまった。もう書くことがない」とおもった。

『週刊新潮』の「男性自身」の連載の一週間前に「作者のことば」では、「気質的なものをすっかり吐きだしてしまった私には、いま何も書くことがない。だから抱負といったものはない。だからもう書かないほうがよいという考えが私のなかにあるが、そういう状態でこの一週間にぶつかった事件のひとつを、コントふうに評論ふうに私小説ふうに書き綴ってみようという冒険心が一方にある」と予告した。

週刊誌の連載は三打数一安打でいいと書いていた山口瞳だが、その後の仕事を知ると、その打率の高さに恐れ入るしかない。「何も書くことがない」というところまで吐きだした後、そこからはじまる文学もある。

小説ではなく、エッセイや批評にしても、知見と経験が重なってから書くのが本筋ではないかとおもっている。たいてい知見と経験が重なる前にしめきりがくる。その結果、イヤイヤでなくても、無理矢理書くことになる。しかし山口瞳の単行本未収録作品を読むと無理矢理書いたんじゃないかとおもわれるものですら、おもしろいのである。

山口瞳の十年に一作は何だったのか。まちがいなく『血族』（文春文庫）はその一作だろう。

「今でも『血族』は読み返すと涙が出ます。だって母親が女郎屋の出で、おやじは詐欺師だってわかったんだ。書いていいものかどうか迷ったし、発表するときもおっかなかった。でも知ってから頭の中の何分の一かをそのことが占領してしまって、吐き出さないと次に進めない。吐き出したら終わりになっちゃったわけだ。体の中から突き上げるものがないと小説は書けない、って大前提が僕にはある。それがもう、ないんだなあ」（聞き手・尾崎真理子「その後の江分利満氏」／『文藝別冊　山口瞳』）

体の中から突き上げられるものがあって書いたとおもわれる山口瞳の作品をあげると、前述の「昭和の日本人」、長篇では『人殺し』と『血族』と『家族』（いずれも文春文庫）、短篇では「神様」（『谷間の花』集英社文庫）、そして絶筆になった「男性自身」の最終回「仔象を連れて」（『江分利満氏の優雅なサヨナラ』新潮文庫）がそうだったのではないか。

これらの作品を読むと、たしかに山口瞳の理想とする文学は、十年に一作しか書けないことがわかる。

書くことを躊躇しつつも、書かずにはいられない文学がある。そんな十年に一作の文学はしょっちゅう読みたいとはおもわない。読むほうも堪えるのである。それでも十年に一作といえるような作品を読むと、本を好きになってよかったとおもう。ありがたいことだとおもう。

コラム①

震災と迷走

二〇一一年の文章を読み返すと、どうしても震災のときのことをおもいだす。

自分の手に負えない問題にかんしては信用できそうな人の意見を頼ることにしている。

何が正しくて何がまちがっているかの判断ができないときは、そこに賭けるしかない。まわりが深刻な雰囲気のときでも、なんとなく、朗らかな人がいい。さらにいうと、どこの組織にも属さず、ふらふらしている自由人であれば、なおよし。あくまでも、これはわたしの判断基準にすぎない。震災直後にそう考えていたわけではなく、あれから四年くらいかけてたどりついた教訓だ。

この本の中では「プレス75と若者企画集団」の回までが震災前（さっきメールの送信欄を見たら、二〇一一年三月七日に編集部に送っていた）の原稿である。同じ仕事場にいた元プレス75の人は篠沢純太さん。かけだしのころ、ほんとうにお世話になり、いまだに頭が上がらない。

プレス75の原稿が載った『本の雑誌』（二〇一一年五月号）の近況欄には「震災時、京都にいました。レンタサイクルで出町柳界隈の古本屋を巡回し、ガケ書房で地震のニュースを知る。三月末、いまだに本棚から崩れた本に埋もれています」と書いた。

そのニュースでは津波の映像は見ていない。

震災当日は京都、翌日は三重に帰省し、十三日に東京に帰ってきた。だから都内で震度五強だった揺れを経験していない。余震が続く中、崩れた本を元に戻す気にはなれず、通り道と寝る場所だけを確保して生活していた。さすがにそんな状態だと、本を買う気になれない。

それからしばらくして書いたのが「これからどうなる」である。『本の雑誌』の連載で震災について書くかどうかは迷った。何もなかったかのようにやりすごすつもりはなかったが、あまりにも震災前と震災後で文章のトーンが変わるのは避けたい。何を書くかと考えた末、星野博美さんの『銭湯の女神』を紹介することにした。

旅に出ることが多い星野さんは「私がテーブルを買う時」というエッセイで、食料品や生活雑貨などの買いおきができないという話のあと、次のような感慨を述べている。

「いつまでここにいるかわからない。いつまでこの生活が続くかわからない。

どう否定しようとしても、頭のどこかにそんな意識がある」

わたしも震災前から「いつまで……」という気分で生きてきた（買いおきはしているが）。いつまで仕事があるのか、いつまで今のところに住めるのか。これからどうなるかはわからないが、これまでもわからなかったのだ。そのことに気づいて、すこし気持が楽になった。

とはいえ、その後もいろいろ迷走していた気がする。ただし、それは震災の影響ではなく、連載前に何もテーマを決めていなかったせいだ。

さらに、その迷走は翌年も続く……。

2012

新しい雑誌と古い友人の話

一九九八年の秋、そのころ近所に住んでいた河田拓也さんが「高円寺文壇を作りましょう」といいだした。

二十代後半から三十代前半にかけて、お互い、フリーターだかフリーライターだかわからないような生活をしていて、毎日のように家や公園で、文学や映画や音楽について語り明かし、飲んだくれていた。そう書くと、何となく、楽しそうにおもえてくるのだが、その渦中にいたときは一刻も早くこんな不毛かつ無為な時間から逃れたいともがいていた。噛み合わない議論を繰り返し、（腹が減っていたり、疲れていたりしたせいもあるとおもうが）衝突することもあった。

おまけに、わたしは不摂生で風邪をひいてばかりいて、さらに安酒を飲みすぎて年中腹をこわしていた。「部屋の換気をしろ」「メシを食え」「酒はほどほどに」と当時の自分にいいたい。

そのうち河田さんが主宰していた線引き屋ホームページにわたしが間借りする形で連載をはじめることになった。

『For Everyman』

「何でも好きなことを書いてください」

わたしは「文壇高円寺」という題をつけた。この連載がきっかけで、古本や文学について文章を書くようになった。ただし、ホームページのプロバイダーの会社が潰れてしまい、二ヶ月ちょっとしか続かなかったのだが……。

今年の秋、河田さんは三年ほど前から準備していた『For Everyman』というミニコミを創刊した。ミニコミといっても二百四十頁ちかくある。

内容は、山田太一と原恵一の対談「いま、木下恵介が復活する。」、大映『悪名』&『犬』シリーズ再見&藤本義一インタビュー、そして伝説のチンピラ映画シナリオ発掘掲載『六連発愚連隊』と「追悼　高田純」といった映画関係の特集が並ぶ中、わたしと河田さんによる「高円寺文壇同窓会&再結成対談」なども収録されている。

さらに震災と原発事故について河田さんが逡巡を重ねながら綴った文章もはいっている。

「震災からこっち、繰り返し強く感じたことは、人はエゴイスティックで不平等だし、そのことに最後は当たり前に居直れるということ。そしてだからこそ、その事実をなるべく普段は意識から遠ざけておきたいとも、僕らは思いがちだということだった」(文化の「幹」を取り戻すために)

音楽や映画などの庶民娯楽、あるいは(広い意味での)文学の仕事に関わってきた河田さんは「政治や共同性からこぼれ落ちるもの、はみ出すもの」を常に意識し、文章を書いてきたという。

しかし今の世の中は「はみだす自分」という「枝葉」ばかりになって、「幹」の部分がやせ衰えているのではないかと従来の自分のスタンスに疑問をおぼえるようになった。
わたしはこの文章を読んで考えさせられた。同時になるべく競争を避け、社会の片隅でひっそりと趣味の世界にひたって生きていけたらと願っていた自分にとって、痛い批判だった。「自分がここでいくら深刻がってみたところで、被災地で本当に辛い思いをしている人たちの、何の力になれるわけでもない。
放射能は不気味だけれど、地方にリスクを押し付けて（少なくとも暗に黙認して）、良いだけ豊かさと享楽に浸りきってきた自分たちが、突然声高に原発を批判するのはおこがましいという気持ちも大きい」（震災後に観た『二十四の瞳』）
そしてジャクソン・ブラウンとデヴィッド・リンドレーのライブアルバムに収録されている「フォー・エヴリマン」という曲について書いた文章――。
「この曲はクロスビー、スティルス＆ナッシュの『木の舟』へのアンサーソングでもあったらしい。核で汚れた世界から、新しい理想の地を求めて船出しようと歌うＣＳＮに対して、『じゃあ、その船に乗れない、取り残された普通の人たちはどうなるんだ？』『ここで普通の人を待つ普通の人でいるよ』と」（発刊の辞にかえて）
この文章は震災と原発事故から三ヶ月後、河田さんのブログ「ぼうふら漂遊日記」（ちなみに、タイトルは色川武大の『ぼうふら漂遊記』からとっている）に発表されたものだ。

わたしは優先順位でいえば、まず自分のことを考えようとする。自分さえよければいいとはおもわないが、自分が助からなければ、意味がないとおもっている。

たぶんわたしの思考では「その船に乗れない、取り残された普通の人たちはどうなるんだ？」という問いかけは浮かばない。河田さんには何度となく自分の考え方の限界や盲点に気づかせてもらっている。四十代になって、さすがに以前のように連絡なしにしょっちゅう顔を合わせることはなくなった。最近は共通の知り合いが経営する飲み屋で会うことが増えた。久しぶりに会っても、似たようなことを考えていて驚く。

昔から古風な熱血漢といった雰囲気の人物なのだが、あらためて河田さんの作った雑誌を読んでいると、恥ずかしさや後ろめたさが彼の文章の基調になっていることがわかる。それだけに何をやるにしても人一倍時間がかかる。

だからこそ、出来上がった雑誌を見たときは、我が事のようにうれしかった。

はじめて会ったとき、Ｂ４のコピーに印刷された表裏に筆圧の強い手書きの文字がびっしり詰まったミニコミを手渡された。延々と前置きが続いて、なかなか本題に入らない。荒削りだけど、ものすごい熱量に圧倒された。「こういう人がほんとうの表現者なのだ」とおもった。

そのおもいは今でも変わらない。

色川武大の編集者小説

一九八九年に上京して、その年の秋から高円寺に引っ越した。それからずっと高円寺に住んでいる。引っ越しやアパートの更新のたびに他の町に住むという選択肢を考えるのだけど、動きたくないという結論になる。

外食のさいも、それと決めたら同じものばかり注文してしまう。自炊もしているが、メニューはほとんど増えない。髪型や眼鏡の形も二十年くらい変わっていない。

冒険心が足りないともいえるが、マンネリに強いのではないかという気もする。同じ本や同じレコードを何度も読んだり聴いたりしている。

わたしがくりかえし読む作家に色川武大（阿佐田哲也）がいる。エッセイも小説もぜんぶ好きなのだが、『怪しい来客簿』（角川文庫、文春文庫）の「したいことはできなくて」、『花のさかりは地下道で』（文春文庫）の「友よ」、『虫喰仙次』（福武文庫）の「虫喰仙次」をよく読み返す。いずれも小出版社を舞台にした小説である。

『虫喰仙次』

「したいことはできなくて」(素晴らしい題だ)は、友人の井上英雄《ふさお》という編集者の話。

色川武大自身、昭和二十年代半ばから三十年代のはじめに、娯楽雑誌の編集をしていた。編集者はその時代に合った感覚を必要とし、「オール人力で構成されているため、かえって人間が機械の代りに消耗品視」され、経営者の多くは「ヴェテランよりも安使いできる若手を珍重する」そうだ。

かつての編集者は三十前後になると、将来について煩悶した。また戦後初期の編集者は履歴に劣等意識を持っている人が多かった。だからこそ「たとえば文科系気質を有するその種の人々にとって、当時の編集者という職種は砂漠のオアシスのように見えたと思う」という。

「編集者、というより庶民に二通りあり、柔軟に誰にでも調子を合わせながら内心頑固な人と、向ッ気が強くてしょっちゅう人につっかかっていくわりに存外に大きく尻をまくれない型とある。井上さんは東京育ちの末ッ子で、まぎれもなく後者だった」

その後、井上さんは女に食わせてもらったり、飯田橋のおでん屋の屋台をやったり、海音寺潮五郎の秘書をやったりしたが、どの仕事も長続きしなかった。

「友よ」の中道昭平、「虫喰仙次」の虫喰も編集者である。

「中道の働き振りは、本質的には、他人につくすという種類のもので、今日の一般社会では、通常、働くとは、自分、乃至自分たちのために働くことをいう。そこが喰いちがっているのかもし

れない。余裕のない小さな組織では、特に〝無私〟というやつほど邪魔に思えるものはない」（友よ）

「虫喰は、現状死守に脚力を使うタイプで、フォーマルな所では意外なほど何もしない。アンフォーマルな所は得意だったが、それも守備技で攻撃技になっていない」（虫喰仙次）

井上さんは大正末年生まれで東京育ち、中道は「私」（色川武大は昭和四年生まれ）の三つ年上で「西国の、荒波にもまれる島の出身」、虫喰は「私」より二つ年上で信州人という設定である。

彼らはみな職を転々としてて、その不器用さと不遇さはどことなく似ている。

二十代のころ（一九九〇年代）、わたしはライターと編集の仕事を掛け持ちしていた。

ところが、二十代後半、編集していたＰＲ誌は、月刊から隔月刊、季刊を経て、休刊となり、原稿の依頼も激減した。

追打ちをかけるように、アパートの取り壊しが決まり、編集かライターかを迷う以前に、このまま東京で暮らしていけるのかについて考えざるをえない状況になった。

「友よ」では、出版社の職にあぶれた「私」と中道は雑文書きになる。その後、中道は自動車会社のパンフレットを作ったり、カメラやレイアウトつきの読物をこしらえたりして糊口をしのいだ。しかし中道は「仕事をさせて貰っていることで恐縮」しすぎて、「便利なときだけ使われるという形になってしまいがちだった」。

色川武大の編集者小説は消耗品として使い捨てられるフリーランスの悲話である。そうならないためにはどうすればいいのか。

三十歳前後、それが知りたくて、それを考えたくて、手あたりしだいに本を読んだ。いくら読んでも、これさえしておけば大丈夫というような答えは見当たらない。

「フリーランサーとして走り続けるには、ズバ抜けて巧いか、或いはユニークな書き手であるか、どちらかです。（中略）比較的たやすくなれる位置は、他人にたやすく奪われる位置でもあります」（「不良少年諸君」／阿佐田哲也著『ギャンブル人生論』角川文庫）

すぐ身につくような力は、ほとんど役に立たない。でもそのことに気づいて、ようやくスタート地点といえる。そこからがむずかしい。

中堅というには経験が足りない。なるべく他人と競合せず、どうにか食っていける方法はないかと長考した。その結果、考えてばかりいて働かないと貧乏になることがわかった。

「したいことはできないし、できることはしたくない」

色川武大の小説にあった言葉が頭の中に浮かんでは消える。

世の中をなめていたツケが、どんどんたまってくる。変わりたくても変われない自分に嫌気がさす。使い捨てられることを心配するより、そもそも使ってすらもらえない身であることを案じるべきだった……と今さらだけど、おもう。

あの日からのしりあがり寿

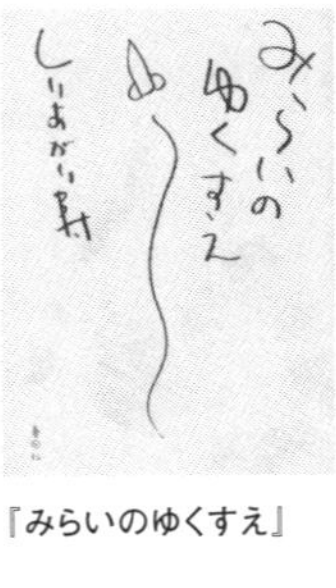

『みらいのゆくすえ』

冬、気温が十度以下になると、生活に支障をきたす。寒いから酒を飲む。酒を飲むと眠くなる。気がつくと、一日の大半を酔っぱらっているか寝ているかということになる。人としてどうなのかとおもうが、どうにもならない。一年のうち三ヶ月くらいだめな時期があったとしても、残りの九ヶ月でなんとか帳尻を合わせればいいと自己弁明しながら、ごろごろ寝てばかりいる。

しかし、ひたすら現実逃避しているわけではない。むしろひきこもりがちなときほど、わたしは新聞や週刊誌を読んだり、インターネットを見たり、社会問題に関する本を読んだり、世の中に物申したくなったりする傾向がある。

とはいえ、ひきこもりがちで軽度の社会不適応をこじらせている人間が、世の中に物申したところで耳を傾けてくれる人はそうそういない。ただし、ひまだから、ぼんやりと考えたり、うろたえたりする時間だけはたっぷりある。

しりあがり寿著『みらいのゆくすえ』（春風社）は、震災前に書かれたエッセイに震災後の書き下ろしをくわえた本である。

その書き下ろし部分の「3月11日14時46分、『東日本大震災』発生」を読んだ。一行目の「大きな賭けに負けたー。」という言葉が目に飛び込んできたとたん、驚異と共感まじりのため息が出た。わたしは津波や原発事故のニュースを見ても「負けた」という言葉が浮かばなかった。でもそうとしかいいようのない敗北感を味わっていたことに気づかされたからだ。

「ボクたちの目の前にはいつだって大きな大きなルーレットがあって、皆そこに自分の未来を賭けながら暮らしている。（中略）そこでボクは、いつだってなるべく安全な目に賭けてきた」

百パーセント安全といわれていた原発が事故を起こし、大量の放射性物質がばらまかれ、いまなお収束のめどが立っていない。

『みらいのゆくすえ』の「原発としょうがない」では、新潟の中越沖地震のときの柏崎の原発が危険にさらされたことにたいする意見も記されている。

「『あきらめるな』というべきこと、『しょうがない』という他ないこと、世の中はどっちもある。でも『原発』も『核弾頭』も『しょうがない』と思ったらちょっとまずい気がする。引き起こされる災厄がとんでもないものね」

かならずしも強い抗議や反対ではない。だからこうしたひとり言のような呟きは、大きな声にかき消されてしまう。

震災後、わたしが味わった敗北感にはそんな小声の無力さもあったとおもう。しりあがり寿の『あの日からのマンガ』（エンターブレイン）に「大きな賭けに負けたボクたちは」（朝日新聞二〇一一年五月二十四日夕刊）という記事が収録されている。

「過去にがんじがらめの未来ではなく、折り重なった現実の中に見えなくなっていた『理想』に今こそ賭けることはできないだろうか？」

この本の帯には「『たとえ間違えているとしても、今、描こう』と思いました」とある。大きな賭けに負けた後のしりあがり寿は「理想」だけでなく、不安や困惑や逡巡を描きまくった。

震災後のしりあがり寿の四コママンガは、余震や放射能におびえつつも、それを忌み嫌うことなく、深刻な状況を「軽さ」や「くだらなさ」で中和する。そこにはどうにか平静を取り戻すための庶民の知恵やしぶとさを随所に見ることができる。かとおもえば、震災や原発を題材にしたファンタジーやラブストーリーもある。怖くて、哀しくて、切なくて、心臓が痛くなる。

「海辺の村」の「多くのものが失われ…」「我々は以前と別の道を行く決心をした…」というセリフの後に提示される未来の姿は、（未読だったら）ぜひ見てほしい。

秋山祐徳太子との共著『ブリキの方舟』（フィルムアート社）の対談や語り下ろしからも、しりあがり寿のゆらぎながらの知見や決意を読みとれる。

「今回の震災でも、女性男性限らず、状況から目をそらす人もいるんですよね。ニュースを見たくないとか。でも逆に、僕は新しいものが描けるような予感がした。単純に見たことのない時代だなって思いました」

そして笑うにしろ、嘆くにしろ、「今思ったこと、今見たもの」を描こうと考えた。作品を描くことを通して「これからの行く末」を見通そうとした。

「理想」も「みらいのゆくすえ」も、人によってちがう。ひとつにしぼることは不可能だといってもいい。たぶん日本は震災の前から賭けに負け続けていた。それでも「まだいける、まだ大丈夫。いつでも取り返せる」と膨大な借金を重ねる道楽息子のような状態になっていたのではないか。遠回りだけど、地道に身の丈に合った暮らしを模索するしかない気がする。

『ブリキの方舟』では、秋山祐徳太子に「ゲージツは底抜けに自由でいいんだよ」とはげまされるしりあがり寿の姿も描かれている。わたしも「たまには、朝から何にも予定がない日を作んないといけないいんですよ。どんなこともやりたくないって日を」という秋山祐徳太子の言葉を読んで楽になった。

この先、何度となく、震災と原発事故をふりかえることになるだろう。ふりかえるたびに、過去の自分の感情や思考を書き変えていくかもしれない。もしそうなっても「大きな賭けに負けた」ことだけは忘れないようにしたい。

女子学生と渡辺京二

ひまさえあれば本を読み、ひまがなくても本を読む。もはや惰性以外の何ものでもない。その日の体調にもよるのだが、ある量を超えると頭が活字を受けつけなくなる。ときどき何のために本を読んでいるのかわからなくなる。自分の知りたいことは何なのか。そのあたりからわからなくなる。

最近、渡辺京二の著作を読みはじめて頁をめくるたびに感銘を受けている。こういう感覚はひさしぶりだ。どうして今まで読んでこなかったのかと悔やんでいる。

二〇一一年は思想家で歴史家の渡辺京二の出版ラッシュだった。

小川哲生編『渡辺京二コレクション』（1・2巻、ちくま学芸文庫）、『女子学生、渡辺京二に会いに行く』（亜紀書房、後に文春文庫）、『未踏の野を過ぎて』（弦書房）、『細部にやどる夢　私と西洋文学』（石風社）、さらに洋泉社新書yからは渡辺京二傑作選として『日本近世の起源　戦国乱世から徳川の平和へ』、『なぜいま人類史か』、『神風連とその時代』の三冊が再刊された。

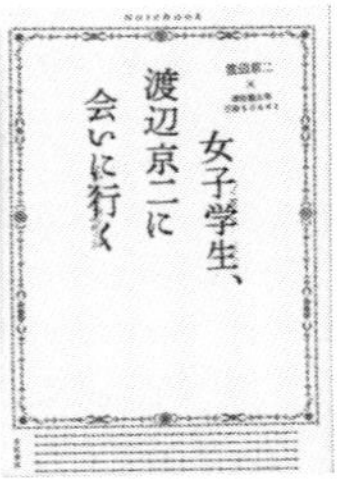

『女子学生、渡辺京二に会いに行く』

わたしが最初に読んだのは、渡辺京二×津田塾大学三砂ちづるゼミ共著『女子学生、渡辺京二に会いに行く』である。帯の「私たちの生きづらさのワケを教えてください。」という文句が気になって書店で手にとり、中をぱらぱら読んでいたら止まらなくなった。買ってすぐ喫茶店で読み、帰りの電車で読み、家に着くころには読み終わっていた。それ以来、渡辺京二の著作を手あたり次第に読むようになって、今、仕事に支障が出ている。

『女子学生、渡辺京二に会いに行く』は、二〇一一年三月七日から八日の二日間にわたって熊本市真宗寺で学生たちと渡辺京二が議論した記録である。

学生（卒業生もいる）が研究テーマや自分自身のことや仕事のことを語り、それを受けて渡辺京二がおもったことを話す。

たとえば、ある学生は「発達障害」など、すぐ病名をつける社会の流れに疑問を抱いている。ずっと自分も人とちゃんとコミュニケーションをとることができず、今だったら何らかの病名をつけられるかもしれない。そんな打ち明け話もする。

渡辺京二は「人間は、一つの共同社会の中で、うまく共同生活をやっていけるタイプと、それからはみ出していくタイプと、どうしてもあると思うんですね」という。

誰だって心の奥底には「通じ合えないもの」を抱えているが、中には「通じ合えないもの」に反応しすぎてしまう人がいる。

「そういう人たちは生きるのが大変です」

渡辺京二は「人間のあるべき一つの幸福な状態、健康な状態というのを想定して、それに足りないやつは全部福祉とか、教育とか、そういう形でこのモデルに近づけていかなければならない。これは一見非常にヒューマニスティックな形をとっているんですけれども、おせっかいな社会なんですね」と事もなげに語る。

人間は何かしらの病気や障害と共存しているのだから、完璧に健康な状態なんて存在しない。逆に「人間を幸福にしよう、不幸な人間がいないようにしよう」とすれば、人間を管理する強大な権力が必要となる。それでは「逆ユートピア」になりかねない。

今の時代の「生きづらさ」は、豊かさや健康志向の裏返しであり、世の中をよくしたいという「おせっかい」が行きすぎている。

「人間はそういう不幸や苦しみを自分で引き受けることによって辛うじて、自分の尊厳というものを保ってきたと思うんです」

そしてどんなに小さなところでもいいから、自分たちが生きられる場所を作ることの大切さを説く。

「自分の一生の中で、今日は暇だけど何しようかなというときに、うん、あそこに遊びに行こう、あそこに遊びに行ったら、誰々と会えるんじゃないかなと、そう思える場所があるということ自

体がすばらしいんです」（はみだしものでかまわない）

この章の対話だけでも付箋が何枚あっても足りない。

いっぽう拒食症の研究をしている学生にたいしては「今のような問題について発言資格はないわ、ごめんね」と突き放す。でも「世間一般の人間が何を好もうが、あるいは好んでると言われようが、左右されない自分というのを作っていけばいいだけのことなんですよね。自分は自分だって」と助言する。

渡辺京二はけっして答えを教えない。そのかわり、この先、研究を続けるにせよ、仕事をするにせよ、「ここからはじめなさい」というスタート地点のようなものを示してくれる。

最終章のタイトルは「無名に埋没せよ」。

あるとき、テレビを見ていたら、なかなか就職が決まらず、「僕は社会に必要とされていない人間だ」と思い悩んでいる青年が出てきた。

渡辺京二は静かに怒る。青年にではなく、彼にそうおもわせた社会に。それから知恵をふりしぼり、気宇壮大な理屈を展開し、人間が生まれた意味を説き、生きることを肯定しようとする。

もしこんな授業を受けていたら、学校を嫌いにならなかったかもしれない。

春三月、門出の季節。

すでに進路が決まっている人より、むしろ決まっていない人にこそ読んでほしい。

戦中派の共感

インターネットの古本屋で昭和三十年代の生原稿を買った。生原稿を買うのははじめてだ。禁断のブツに手を出してしまったような気がする。

原稿用紙一枚あたりの値段は千円ちょっとだが、四十枚以上ある。高いのか安いのかよくわからない。買ったのは、村上兵衛の「戦中派はこう考える」という『中央公論』の一九五六年四月号に掲載された原稿である。

村上兵衛は一九二三年島根生まれ。

同世代の吉行淳之介もこの評論に触発されて、「戦中少数派の発言」というエッセイを書いている。二十代前半のわたしは吉行淳之介の「戦中少数派の発言」を読んで、文学に傾倒し、古本屋通いに没頭するようになった。その後、大学を中退した。

村上兵衛の「戦中派はこう考える」は、直接ではないが、わたしの人生にすくなからぬ影響を与えた論考なのだ。

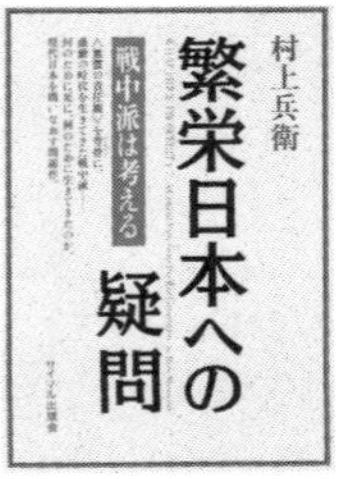

『繁栄日本への疑問
戦中派は考える』

でもわざわざ生原稿を買う必要があったのかときかれたら、自信を持って「ある」とはいえない。ただ、その原稿が「ある」と知ってしまった以上、後に引けない気持になってしまった。酔っぱらって衝動買いしたわけではない。

村上兵衛の「戦中派はこう考える」が存在しなかったら、吉行淳之介は「戦中少数派の発言」を書かなかったかもしれない。そうすると、わたしも今とはちがう人生を歩むことになっていたにちがいない。

村上説によれば、「戦中派」という言葉が、はじめて活字としてマスコミに登場したのは、昭和三十一（一九五六）年の春らしい。『中央公論』の編集長の嶋中鵬二、編集部員の綱淵謙錠がその生みの親だった。嶋中は一九二三年生まれ、綱淵は一九二四年生まれの「戦中派」である。『中央公論』の三月号に大宅壮一が司会をした「座談会　戦中派は訴える」という記事が掲載されている。出席者は、遠藤周作（作家）、小林洋子（ＮＨＫ婦人議員）、月丘夢路（映画女優）、深尾庄介（画家・新制作協友）、丸山邦男（雑誌編集）、三輪輝光（高等学校教官）。

この座談会を読んで、村上兵衛は「戦中派はこう考える」を同誌に投書した。それが次の号の巻頭言の次に全文掲載され、表紙の一番目立つ右はしにタイトルと著者名が印刷されている。

当時の肩書は「筆者・会社員」となっている。村上兵衛は小学館の編集部にいた。ちなみに、投書した原稿用紙は小学館のもので、最初のタイトルは「戦中派の共感」だった。

村上兵衛は、陸軍幼年学校、士官学校を経て少尉に任官し、近衛連隊付になり、敗戦時には陸軍中尉で士官学校の区隊長を務めていた。戦後、東京大学でドイツ文学を学ぶが、「元軍人」は当時の学内では肩身がせまく、それゆえ「少くとも私のような経歴の人間の安住の地は戦中派、ということになる」と述懐している。

「私の士官学校の同期生二千人のうち千人が戦争で死んだ。彼らが天皇を信じていたかいなかったかを問わず、空しく斃れた友人の誰彼の童顔を想い浮べると、私の心は穏かではないのである」

戦争あるいは軍隊の是非にたいし、一刀両断する戦後の論調に村上兵衛は強い抵抗感をおぼえた。とくに軍人が天皇を信じていたというのはジャーナリズムの捏造したものだとする説には、事実とちがうと反発した。また「日本の特攻隊は喜劇ですね」というような訳知りの意見を聞いたときは、「胸に五寸釘」を打たれたような気がしたと告白する。

「戦争に勝ったから死者は英雄で、敗けたから死者は馬鹿だといわれては、なんぼなんでも私は腹が立つ」

「戦中派はこう考える」は、村上兵衛のこれだけは譲れないというおもいが力強い文字で綴られている。そのおもいが吉行淳之介をはじめとする他の「戦中派」たちに当時のそれぞれの立場から見た戦争を語らせることになった。

村上論文には、「学生運動が華やかだったころ『革命前夜』を呼号して叱咤した学生指導者たちの眼の中に、かつてピストルを私に突きつけた敗戦前後の蹶起将校と同じ眼の色を、私は視た」と記した箇所がある。吉行淳之介はこの部分を引用し、「いたずらに甲高く叫ぶような人種を自分たちは信じない」という村上兵衛に共感を示しつつ、「しかし、戦争中もっとも甲高く叫んだ人種の中には、士官学校の生徒は含まれていなかったか」と疑問を投げかけた。

それから二十七年後、村上兵衛は「現代日本を問い直す」という論考を『中央公論』（一九八三年一月号）に発表する。

「とくに敗戦を機として、私たちのものの考え方には、たしかにいちじるしい変化がみられる。しかしそれは、新たな（と思われる）さまざまな経験と思想に激しくぶつかりながら、懐疑し、逡巡し、屈折し、たわみ、そして模索し、選択し、吸収しつつ、今日の自己に到達したのではないだろうか。激動期と呼ばれる時代には、つねにその度はつよい」（村上兵衛著『繁栄日本への疑問　戦中派は考える』（サイマル出版会、一九八四年刊）

村上兵衛の著作を読んでいるうちに、どうして「戦中派」（といっても、さまざまな立場、考え方がある）の人々の作品に魅かれてきたのか、ようやく納得できる理由が見つかった気がした。

時として「頑固」「偏屈」といわれる彼らは躊躇や逡巡しながらも、ゆるぎない強さがあった。わたしはそういう大人に憧れていた。いまも修業中である。

血を流して書くこと

二十代のころ、「血を流して書く」という言葉を知って、文章とはそういうものでなければいけないと考えていた。しかしどこで読んだのか忘れていた。

先日、吉行淳之介著『四角三角丸矩形』（創樹社、一九七四年刊）を読み返していたら、おそらくこれにちがいないという文章を見つけた。

「いわゆる『現代の新しい文学』と呼ばれるものを、私は積極的に読むタイプの人間ではない。時折読んでみるが、運の悪いせいか、気に入らないことが多い。『実験的』といえば良く聞えるが、『机上の空論』という言い方もある。肉感に乏しく、もっと古風にいえば、『血が流れていない』から気に入らない。この『血を流す』ことについては、私小説風の意味で言っているのではない。血の流し方にも、いろいろある」

マンディアルグ『余白の街』の書評の書き出しである。この評の中で、作品に血が流れているか、流れていないかという問題がくりかえし語られている。たとえば、「これは、マンディアル

『四角三角丸矩形』

グが時代に烈しく背を向けることによって、血を流したため、と私は解釈する」というような一文もある。

わたしも「新しい文学」をほとんど読まない。避けているわけではないが、そこまで手がまわらない。古本屋通いから読書にのめりこんだせいもあるかもしれない。

吉行淳之介を縁に、『群像』の名物編集者だった大久保房男著『文士とは』（紅書房、一九九九年刊）を読んだ。

「昔の文士の貧乏は文藝書が売れなかったからじゃなくて、超俗の生き方が招いたのだ。世の中をうまく渡って行くには俗界の習俗に従えばよいのに、文士はそれをしなかった。『長いものには巻かれろ』とか『寄らば大樹の蔭』などという処世法は文士の最も嫌うところであった」（「文士赤貧物語──文士になれば一生貧乏は保証される」／『文士とは』）

かつての文壇は蓄財せず、背水の陣をしいて文学に専念することがよしとされた。

わたしはそういうものかとおもいこんだ。文学の道を志す以上、超俗を目指さなければならない。そして大久保房男が評価していた尾崎一雄や川崎長太郎の私小説を読むようになった。

昔の文士の生き方が、時代錯誤であることはわかっていたが、そもそも世の中にちゃんと適応できるような人間は毎日のように古本屋にいりびたったりしない。新しいことはよく、古いことはよくないという価値観も信奉できない。「おまえの考え方は古い」といわれるたびに、口には出さなかったけど、「そういう考え方は薄っぺらい」とおもっていた。

当然ながら、現代社会で超俗に生きることはむずかしい。

家賃や光熱費を稼がないと暮らしは成り立たないし、だいたい尾崎一雄や川崎長太郎の本を買うにもお金がいる。貧乏な私小説作家の本の古書価は安くないのである。

『文士とは』には、昭和二十年代の終わりに尾崎一雄が家に電話を敷いたとき、川崎長太郎が「文学を売物にした」と批判した話が出てくる。

「尾崎氏も若い頃は、文学のためにはあらゆることを犠牲にすべきだ、と考えていたようだから、家庭の幸福など求めるようなことはせず、親の遺産をほとんど蕩尽してしまったのだ。尾崎氏に心境の変化が訪れ、文学よりも人間が第一だ、と考えるようになったのは戦後で、年齢も五十に近い頃だったようだ」(「文士の女房が死屍累々——小説は血を流して書くもの」)

いっぽう川崎長太郎は小田原のトタン板で作られた物置小屋の二階で小説を書いていた。川崎長太郎からすれば、家に電話を敷くのは堕落以外の何物でもなかった。

この意見はちょっと極端かもしれない。

ただしかつての文壇は、そうした極端な考え方や生き方を許容していた。文学の世界には、立身出世や安定や家庭の幸福とは別の価値観があった。「文士」と呼ばれた人々は、言葉で世の中と渡り合っていた。

「血を流して書く」というのは、単に自分（あるいは親族）の負の部分をさらすだけでなく、あきらかに暴論であっても、自分を自分たらしめている思想を貫くことでもある。

大久保房男は「己の生理を枉《ま》げて行動することのないのが本物の文士だと思う」というのが持論だった。金よりも自分の仕事を大事にする作家にたいし、並ならぬ敬意を抱いていた。

吉行淳之介もその敬意の対象である「本物の文士」のひとりだった。

『四角三角丸矩形』には、吉行淳之介のエッセイ集にしては書評がたくさん収録されている。

上林暁の『春の坂』の評で「著者が私小説作家の代表格であることは今さら言うまでもないことだが、私小説にある魅力は近来変質を示しているようである」との見解を述べている。従来の私小説は「社会生活に不適な作家が、どうにもならない状況に追い込まれ、その地点で頑固に自らの節を守っている姿勢に魅力があった」のだが、上林暁の小説は作者の眼が外側へ向いていて、「ゆったりした余裕がある」という。

「芸を愉しむ境地に至るということは、芸術の一方の極地であるが、著者はその地点に近づいているといえるのであろう」

ひまつぶしの読書のつもりが、おもわぬところに深い言葉が埋め込まれていて、知らず知らずのうちに、自分の中に留まり、長年にわたって影響し続ける。

「血を流して」書かれた文章には、そんな怖さとおもしろさがある。

好奇心の持続について

近所の新刊書店と古本屋をふらっとまわって、週末に高円寺の西部古書会館をのぞいて、漫画を読んだり、AMラジオを聴いたり、何の生産性もない日々をすごす。

一日七、八時間寝る。寝る前と起きた後の二時間くらい横になっている。

気分が晴れず、からだが怠く、頭がぼーっとしているときは、古本のパラフィンがけや汚れ落としをする。地味で地道な作業は精神衛生にいいみたいだ。

昔はもうすこし無理がきいた。鈍行列車に乗って、野宿をしながら、全国の古本屋をまわったこともあるし、一日に数ヶ所、都内沿線の古本屋をまわることも苦ではなかった。

「四十すぎると、新しい趣味を持つことがむずかしくなるよ」

十年くらい前、どういう会話の流れかは忘れてしまったのだけど、近所の飲み屋で年輩の映画関係者がそんなことをいっていた。そのころのわたしは三十代の前半であまりピンとこなかった。

今は「なるほどそういうことか」と納得している。

『最後の二十五セントまで』

新しいことをはじめるのが億劫というだけでなく、何にせよ、それなりにものになるまでにかかる時間や手間、あるいは難易度がだいたい想像がついてしまう。ちょっとやそっとの努力では、素人に毛がはえたくらいの中途半端な域にしかたどりつけない。「だったらいいや」と意欲が萎える。我を忘れるくらい夢中になってはじめて面白さが味わえることはわかっていても、なかなかそういう状態にならない。

「大体道楽というものは完全な時間と金の消費に始まるべきであろう。だからそれが何時のまにか道楽……消費……保有……蓄積……利殖、なんてパターンになってしまうのは不純ですな」

久保田二郎著『最後の二十五セントまで』（角川文庫）の「蒐集――それは男の道楽の極致」というエッセイにあった言葉である。

蒐集の醍醐味は「ソンにもトクにもならないものを、異常なまでの熱心さ」でコレクションすることにあり、収集家自身の満足こそが、その本道だという。

わたしはこのエッセイを読んで、蒙を啓かれるおもいがした。長年、古本屋通いをしているうちに、稀少価値があるかないか、古書相場と比べて高いか安いか、そんなことを気にするようになっていた。マニアとしては「不純」の道をたどっていたことに気づかされたのだ。

久保田二郎はドラマーでジャズ評論家でアメリカ文化を紹介する雑文を数多く残したコラムニストであり、ジャズのレコードのコレクターでもあった。

「その時に一番大切なこと、それは『好奇心』だ。つまり他人がどう思おうと関係ない。一文の価値がなくても、それも関係がない。

ただただ一途に、君自身が『面白い』『楽しい』『興味がある』と思い込むことが大切だと思う」

そして持続しないような蒐集なんて、はじめからやらないほうがいいともいう。

「蒐集というのはかなり孤独な長い長い作業なんだね。気障《きざ》にいえば、その作業の中で、もう一人の自分にめぐり合わんとしているのかも知れない。なにしろ、奇妙な部分で自己管理を強いられる作業だからね」

趣味、道楽の話でいえば、古山高麗雄著『八面のサイコロ』（北洋社）の「そのうちにドンと」というエッセイにもハッとさせられた。

あるとき古山高麗雄は「あなたって、面白くない人ねえ」と妻にいわれる。

傍目には面白くない人に見えるかもしれないが、本人にしてみれば競馬は面白い。

「ところがこのところ、競馬が面白くなくなったとは言わないが、私はなにやら、マンネリになって、躍動する気持が衰えて来ているのだ。これは私にとっては、かなり寂しいことである」

なぜそうなってしまったのか。長い間、だらだらやっているとある種の不感症になって、「まるで出世の見込みもなく、仕事にもあまり意欲の持てない給料取りが職場に通うような気持で競馬場へ出かけていること」が増えた。

若いころの古山高麗雄は「貧乏に加えて、初心だったから」もっと切実に競馬場に通っていた。でも、勝ったり負けたりをくりかえしているうちに「三度の食事をするような感じ」になってしまうらしい。そして「私は、それもこれも年のせいと諦めながら、衰えた面白さを大事にして行くしかないのか」との感慨を述べる。

「初心忘れるべからず」といっても、時間とともに初心は弱ってくる。だいたい初心のまま、道楽に溺れると、生活が破綻してしまい、好奇心の持続どころではなくなる。

だからこそ、久保田二郎のいう「奇妙な部分で自己管理」が必要になる。経験を積み、知識を身につけながら、「ソンにもトクにもならないもの」に熱中し続けることはむずかしい。

いかにマンネリを打破するか。不感症にならずにすませるか。

どんな人にも好不調の波がある。調子がわるいときは、調子がわるいなりの愉しみ方もある。低迷してはじめてわかることもある。

たとえば、だめなときは何をやっても無駄とか、無駄なことでも何もやらないよりマシとか。

そもそも何が無駄で、何が無駄でないかがわからないからこそ、無駄な時間を浪費しているともいえる。はっきりしているのは、無駄とおもえることをやらなかったところで、その分、有意義なことができそうにないことだけだ。

というわけで、これから文房具屋にパラフィン紙を買いに行く。

コラムニストの声について

本を読むときの基本姿勢は、布団の上にうつぶせになって、枕の上に顎を乗せ、両肘をついて本を持ち、左手の親指で頁をめくる。昔から、そのスタイルで徹している。楽といえば楽なのだが、どうしても読書の時間が長くなるにつれ、肘への負担が大きくなる。今、ちょっと痛い。

一九九〇年代のはじめごろ、東京書籍からアメリカ・コラムニスト全集というシリーズが刊行された。わたしはこのシリーズをくりかえし愛読している。とくに、アメリカのスポーツライティングの描写や言い回しの妙は、脱帽してヘルメットをかぶりたくなるくらいすごい。

中でもマイク・ルピカ集『スタジアムは君を忘れない』（安岡真訳）は好きな一冊である。

この本の「序」のピート・ハミルの文章も素晴らしい。

「コラムニストには、自分の声とでも言うべきものがなければならない。言ってみれば、これは強烈な右のパンチを繰り出すことができるとでもいった、持って生まれた才能なのだ。教えられてできるものではないし、身につけようとして身につくものでもない」

『スタジアムは君を忘れない』

ピート・ハミルは、マイク・ルピカのことをシナトラやビリー・ホリディに匹敵するような声の持ち主だと絶讃する。また、マイク・ルピカのことを紹介しながら、ピート・ハミルはコラムニストの心得をさりげなく語る。

コラムニストは時間や字数の制約に苦しみ、数々の失敗をくりかえし、黒を白といいくるめて冷や汗をかき、知ったふりをして記事を差し出し、不本意な文章を書いてしまうことがある。

「換言すれば、コラムニストは自らの至らなさを知っているのだ。

そして、こんな単純な自覚でなんとか人間らしさを保っている——つまるところ、自分だけじゃないのだ、と。大打者だって一〇回打席に立って七回はしくじるものだ」

マイク・ルピカも新聞界のヒーローであるジミー・ブレスリンから次のことを教わっている。

「読者に絶えず思い出してもらえるように書け、チェンジ・オブ・ペースを身につけろ。一本調子の歌い手ならそこらじゅうにいるのだから」

ルピカのスポーツコラムは、野球、アメリカンフットボール、ホッケー、ボクシング、テニス、陸上、競馬など、さまざまなジャンルを書き分けている。

「ドン・ガレット、三五」というコラムは、百九勝五十敗という高勝率のまま引退した左腕投手の話である。

十九歳でレッズに入団し、二十四歳で八十勝。ところが、メジャーで最後に投げたのは二十七歳。肩を壊した。そして三十五歳のときに自宅の農場で心臓発作で急逝してしまう。

「一度どこかを傷めてしまうと、もう二度と元に戻らないことだってありうるのさ。でもピッチャーたちは、努めてガレットのことは考えないようにしてるんだ。なぜって、そんなことといちいち考えていたら、頭がおかしくなっちまうよ」

これはサイ・ヤング賞投手、キャットフィッシュ・ハンターの台詞である。

わたしはテニスについて語っているマイク・ルピカの文章も好きだ。

ウィンブルドンのセンター・コートに立つ三十四歳のジミー・コナーズを「決着がつくまで決して闘うことをやめない男」といい、その不屈っぷりを讃え続ける。

「コナーズはチャンピオンなのだ。上品な、とは言えないけれど。もっとも、上品であれなんてルールはどこにもないが」

海外のスポーツ界のことをあまり知らないので、はじめて目にする名前も多かったのだが、それでも片腕の投手ジム・アボットのエピソードや今なお語り草になっているウィンブルドンのボルグ対マッケンロー戦のことをルピカの文章でおもいだした。

でもいちばん印象に残っているのは二十三歳のときの彼自身の逸話である。

『ニューヨーク・ポスト』のエディターのアイク・ゲリスから電話があり、自分の書いた記事のスクラップを持って会いに行ったところ、なかなか仕事の話にならない。

苛々してルピカはこういった。

「アイク、僕を呼んだのはあなたでしょう。とにかくスクラップを読んでください。気に入れば仕事をまわしてくれればいいし——さもなきゃ無視すればいいんだから」

スポーツ選手が大成するにはメンタルの強さが必要不可欠だが、そのことはコラムニストにもいえるかもしれない。

ルピカはスポーツライティングの仕事について次のように語っている。

「いま目にしているものを好きになること。もし好きになれなかったら、どこにでもいるタイムカードを押すだけのクズと変わらない。

野球場やアリーナに足を踏み入れるたびに、僕は、今日こそ、または今夜こそ、これまで見たこともないような何かにお目にかかれるかもしれないぞ、と思っている」

仕事をしていて気分がのらないとき、この言葉をおもいだす。古本屋に行って、まったく本が買えなかったときも……。

コラムニストの声がどんなものかはそんなに簡単に説明できそうにないが、その声を失わないための秘訣は「いま目にしているものを好きになること」だろう。

この気持さえなくさなければ、どうにかなる。左肘の痛みに耐えながら、わたしはそう自分に言い聞かせた。

泥酔の国の北大路公子

ライフワークというほどでもないが、常日頃から二日酔いでダルくて何もする気になれないときに読める本を探している。とくに胃もたれと胸やけと同時にこみあげてくる自己嫌悪や羞恥の感情をやわらげてくれる本だとありがたい。「飲酒は健康に留意し適量を」というようなミもフタもない言葉を見たくも聞きたくもないときに読める本だったらなおよし。

ここ数年、もっとも恩をかんじているのは北大路公子の本である。読むたびに「へベレケ」とか「自堕落」といった状態の奥の深さを教えられる。それを知ったからといって、何も状況は改善されないのだが、とりあえず、いろいろなことがどうでもよくなる。

ここ最近『生きていてもいいかしら日記』（ＰＨＰ文芸文庫）、そして増補新装版『枕もとに靴 ああ無情の泥酔日記』、『最後のおでん　続・ああ無情の泥酔日記』（いずれも寿郎社、現在は新潮文庫）と北大路公子の著作が続々と復刊された。

誰に頼まれたわけではないが、酒癖にやや難のある友人に読むようすすめまくっている。その

『生きていてもいいかしら日記』

感想が「他人事ではない」だったか「おれはここまでひどくない」だったかは忘れた。

「年が明けてから全然外に出ていない。ずっと家にいる。おそらくは正月の『朝酒から昼酒を経て夜酒に至る』という夢のような生活がきっかけで、もともと希薄だった社会性が完全に失われてしまったのだ」(「引きこもりのつぶやき」／『生きていてもいいかしら日記』)

その後日談はこんなかんじだ。

「引きこもりのリハビリのため、友人数人と日も高いうちから飲酒。大人には歯を食いしばってでも朝から酒を浴びるほど飲まにゃいかん日があるのだ、という決意で飲む飲む飲む」(「社会に戻れない」／同前)

人が働いているときに飲み、寝ているときに飲む。

朝起きたら枕元に靴。

酔っぱらって深夜のコンビニで気が狂ったようにガチャガチャをやり続ける。

身体中が痛い。とくに頭が痛い。

大事なものをなくす。逆にもらったおぼえのないものを持っている。

知らない人に暴言を吐いたり、吐かれたりする。

パンツをはいたままシャワーを浴びる。

冬、道で寝ていて通りすがりの人に「死にますよ」と起こされる。

北大路公子は、どこまでほんとうなのかよくわからないアルコール度数の高い日常をキレがあってコクがあって芳醇かつスッキリとした後味の文体で綴る。

「まあ、そのように、飲酒、からみ、大威張り、厭世感、仕上げのラーメン、記憶喪失、睡眠、酔いざめ、やや軽い二日酔い状態と、酒にまつわるほぼすべてのことを立派にやり遂げて、ふと時計を見たら、まだ午後の二時半でした」（「フルコース」／『枕もとに靴』）

不摂生を貫く意志の強さ、同じあやまちを何度もくりかえすことができる持続力がすごい。それはそれである種の才能ではあるまいかと錯覚してしまうほどだ。

寿郎社から刊行された二冊の日記は、二〇〇一年ごろから公開日記サイト（エンピツ）に発表された文章が元になっている。

『生きていてもいいかしら日記』は、『サンデー毎日』の連載エッセイをまとめたもので、続刊に『頭の中身が漏れ出る日々』（ＰＨＰ文芸文庫）もある。

ちなみに『頭の中身が……』の帯の文句は「40代、独身、趣味昼酒」だ。

北大路公子の本を読んでいると、人体におけるアルコールの化学反応には、まだまだ未知の領域が残されていることをおもいしらされる。酔っぱらい以外にも傍迷惑でデタラメだけど憎めない人たちが次から次へと出てきて、生きるって何だろうと考えさせられる。まともな人がいっさい登場しない壮大な群像劇のようだ。

北大路公子は体調を崩して数週間酒を飲めない時期もあった。泥酔の国からシラフの国に移り住み、大いに戸惑う。

シラフの国と泥酔の国は時間の流れ方がちがう。

「夜は無性に長く、昼下がりのオヤツ回転寿司でも、寿司食べてお茶飲んだらもう暇だ。よそのオバチャンにビール奢られることもなければ、酔っ払いオヤジに、『しっかし水なら無理だけどよ、なしてビールなら何リットルでも飲めるのよ』と人体の不思議について問われることもない」(「シラフの国のキミコ」／『頭の中身が漏れ出る日々』)

泥酔の国に住んでいると、知らず知らずのうちに記憶や財布や信用をなくすことがある。いつの間にか寝てしまい、起きたらしなければならないことを忘れる。シラフの国の人が寛大な心の持ち主であることを祈りながら二度寝する。

でもそんなのは序の口、本人はおぼえていないかもしれないが、よくあること。たいていのことは、ぐだぐだしているうちに、うやむやになる。

北大路公子の著作のどこかの頁に「世の中のすべてのアルコールには呪いがかかっている」という箴言がある。ただし、その呪いがどんなものなのかは忘れたらしい。

たぶん「すばやさ」とか「防御力」とかが0になるんじゃないかなあ。

なお、その解除の方法は……。

サーバーとE・B・W

光文社古典新訳文庫から『傍迷惑な人々　サーバー短篇集』（芹澤恵訳）が出た。出版社のホームページの刊行予定で知ったときから、待ちわびていた本だ。

目次を見ると「E・B・W」も収録されている。迷わず、真っ先に読んだ。

三十歳前後、あまり仕事をしていなくて、ひまだったころ、なんとなく気分を変えたくて、海外のショートショートやコラムを読みはじめた。

そのきっかけになったのは、浅倉久志編訳『ユーモア・スケッチ傑作展』（全三巻、早川書房、一九八〇年刊）だった。

わたしがジェームズ・サーバーやE・B・Wを知ったのもこのアンソロジーのおかげである。

これまで『虹をつかむ男』（鈴木武樹訳、角川文庫、一九七四年刊）や『空中ブランコに乗る中年男』（西田実、鳴海四郎訳、講談社文庫、一九八七年刊）など、何冊かサーバーの本を読んだ。サーバーはアメリカでマーク・トゥエイン以来のユーモア作家といわれるほど人気があるのに、日

『傍迷惑な人々　サーバー短篇集』

本ではあまり知られていない。訳者のあとがきや解説を読むたびに、そんな愚痴に出くわした。そのことはE・B・Wにもいえる。

このアルファベット三文字の人物は、『ちびっこスチュアート』、『シャーロットのおくりもの』、『白鳥のトランペット』の作者E・B・ホワイト。

でもE・B・ホワイトにとって、児童文学は多岐にわたる仕事のごく一部でしかない。

常盤新平著『コラムで読むアメリカ』(旺文社文庫、一九八七年刊)では、E・B・ホワイトは「エッセーの名手」として、没後に刊行された随想集(ハーパー&ロー社)を紹介している。

「ホワイトはあくまでも含羞の人である。『エッセーストは小説家や詩人や劇作家とちがって、自らに課した二流市民の役柄に甘んじなければならない』。そのかわり、エッセーストは気分によって、書きたいテーマにしたがって、『どんな種類のシャツでも着られるし、どんな人間にでもなることができる』。たとえば、哲学者や小言幸兵衛に、道化師や話上手に、親友や物知りに」

その含羞っぷりはサーバーの「E・B・W」にも余すところなく描かれている。

『ニューヨーカー』時代、編集部に面会人が訪ねてくるとホワイトはたいてい非常階段から逃げた。パーティーにもほとんど出席しない。

『ニューヨーカー』誌が創刊されてしばらくして、無名時代のE・B・ホワイトは何度か編集部に原稿を送った。

「ハロルド・ロスと文芸担当編集者のキャサリン・エンジェルは、そのころ奮闘を強いられていた『ニューヨーカー』が何より必要としていた完璧な眼と耳が、本物の声と語り口が向こうから舞い込んできたことにすぐに気づいた。ところが、この引っ込み思案な物書きをことば巧みに誘い出して打ち合わせに漕ぎつけるまでに、何カ月も要したし、さらにオフィスで仕事をするように説得するのに、これまたさらに何週間もかかった」(「E・B・W」/『傍迷惑な人々』)

その後、サーバーはE・B・ホワイトと知り合い、『ニューヨーカー』誌の編集長ハロルド・ロスを紹介された。

『虹をつかむ男』(角川文庫)の年譜には、「ホワイトから受けた影響を、後にサーバーは『正確で透明なホワイトの文章に接すると、新聞原稿用の駆け足だったスピードが落ち、そして作家は蛇口ではなく頭をひねるものだと知った』と述べている」とある。

E・B・ホワイトは一八九九年ニューヨーク州マウントバーノン生まれ(〜一九八五年)、ジェームズ・サーバーは一八九四年、オハイオ州コロンバス市生まれ(〜一九六一年)。

ふたりは共著も刊行していて、『SEXは必要か』(福田恆存、南春治共訳、新潮社〈一時間文庫〉、一九五三年刊)、『性の心理』(寺沢芳隆訳、角川新書、一九五四年刊)などの邦訳も出ている。

『傍迷惑な人々』は、「なんでも壊す男」、「放送本番中、緊張しないためには」の二篇の本邦初訳作品も収録している。

機械が苦手で何をやってもうまくいかなかったり、なかなか目的地にたどりつけなくて右往左往したりする、ちょっとダメな人を描いたユーモア掌編……日本だと〝軽エッセイ〟と呼ばれるような作品である。

E・B・ホワイトの作品では、浅倉久志編『世界ユーモアSF傑作選2』（講談社文庫、一九八〇年刊）所収の「要約すれば……」がおもしろい。

出版物の量が人々の読書能力をはるかに上回るようになり、ダイジェスト誌が登場した。ところが、いつの間にかダイジェスト誌も増え続け、朝から晩までぶっとおしに読んでも追いつかない。そこでダイジェスト誌をダイジェストした出版物が刊行され、空前の大ヒットをしたが、その二番煎じの雑誌が続出し、ついにスーパーダイジェスト誌〈ディスティレート〉（蒸留）が登場する。なんと、その雑誌はヘミングウェイの長篇をたった一語に短縮することに成功した……。

浅倉久志の解説によると、ホワイトは「当代屈指の名文家といわれるアメリカのエッセイスト」で「創刊まもないニューヨーカー誌の編集スタッフに加わり、親友のジェームズ・サーバーとともに、同誌の洗練されたカラーを作り上げた」そうだ。

いろいろ長々と書いたけど、要約すれば、「サーバーとE・B・Wの本がもっと読みたい」ということだ。

ふたりの本が書店に並べて売られる日を熱望している人間がここにいることを記したかった。

アーティストのための心得

『アート・スピリット』

JR中央線の高円寺界隈に暮らすようになって、かれこれ二十三、四年になる。あまり仕事をしていなかったころ、毎日のように、ふらふら飲み歩いていたら、ミュージシャンや絵描きの知り合いが増えた。出身地や年齢はバラバラだけど、定職についていなくて、それゆえ不安定な生活を送っていることは共通している。

わたしも彼らも薄々、自分には何かが足りないとおもっている。今さら反省してもどうにもならないが、若いころに怠けすぎたツケについては、極力、目をそらすことを心がけている。

ある日の深夜三時ごろ、店の看板の電気が消えた後、何人か残った客の中に、アルバイトをしながら美学校に通っている青年がいた。彼は、ウイスキーをビールで割った酒を飲みながら、こんなことをいった。

「やっぱり、絵でも音楽でも、食うに困らないやつじゃないと続けられないんじゃないかなって。地方の貧しい家に育って、独学でなんとかなっているっていうのは、例外中の例外だとおもうんですよね」

地方のブルーカラーの家に育ったわたしもそのことをよく考える。フリーライターの仕事をはじめたとき、「家は裕福か。じゃなかったらやめとけ」といわれた。あと「ちゃんと稼ぎのある女をつかまえろよ」ともいわれた。

食える食えないよりも、齢を重ねるにつれ、いやでも体力その他の衰えや伸びしろのなさを痛感したり、これまで夢中だったことに飽きたりする。

初心者のうちはちょっと勉強したり、練習したりすれば、日に日に上達していく。ところが、できなかったことができるようになる楽しい期間がすぎ、できたことができなくなるつらい期間がやってくる。

昨年、ロバート・ヘンライ著『アート・スピリット』（野中邦子訳、国書刊行会）、デイヴィッド・ベイルズ＋テッド・オーランド著『アーティストのためのハンドブック』（野崎武夫訳、フィルムアート社）という二冊の若き芸術家のための指南書が刊行された。

ロバート・ヘンライは、画家で美術学校の教師だった。この『アート・スピリット』の刊行年は一九二三年である。

「芸術を学ぶ者は最初から巨匠であるべきだ。つまり、自分らしくあるという点で誰よりも抜きんでていなければならない」

ヘンライは画学生に小手先のテクニックではなく、アーティストとしての考え方、気持のあり方を教える。どの頁をひらいても、彼の魂の叫びに出くわす。

「拒絶を恐れるな。すぐれたものをもつ人間はみな拒絶を通過してきた。作品がすぐに『歓迎』されなくても気にしないことだ」

押しつけられたものではなく、自分の好きなことをやり続けること――ヘンライの教えを守りぬくのは、わかっていてもむずかしい。

一年前の夏に手にして以来、なくてはならない本になった。若い知人にもすすめた。

もうひとつの『アーティストのためのハンドブック』の副題は「制作につきまとう不安との付き合い方」となっている。

ふたりの著者は、いずれも「副業のある写真家」である。

九十年ちかく読み継がれている『アート・スピリット』ほどではないが、『アーティストのためのハンドブック』も一九九三年に刊行後、毎年一万部以上の増刷を重ねてきたロングセラーだそうだ。

「今日、後ろ盾があると感じているアーティストは、ほとんどいません」

現代を生きるアーティストは、自分の作品を制作していく上で常に不安や日々の悩みを抱えている。ある陶芸の授業で、学生を「量」のグループと「質」のグループに分け、陶器を作らせた。「量」のグループは作った陶器の重量で評価し、「質」のグループは制作するのは一点と決めた。その結果、「質」の高い作品が提出されたのは「量」のグループからだった。彼らは山のような失敗作をつくり、そこからたくさんのことを学んだという。

試行錯誤の「量」が、「質」の向上につながる。

「基本的に自分の作品をつくり続ける人は、作品制作を続ける手法を学んだ人です。より正確に表現すると、やめない方法を学んだ人だと言えます」

アートにかぎらず、好きなことで生計を立てることはむずかしい。でも食えなくても「やめない方法」は無数にある。

いっぽう、ロバート・ヘンライは「創作への動機がないのに技術だけ先に学ぶのは意味がない」と忠告し、「技法のコレクター」をきびしく批判する。

「彼らは、たくさん勉強してきたように見えて、自分では何も構築できない。なぜなら、彼らのなかの天分がまだ眠ったままだからである」

自分の天分はどこに眠っているのか。それを見つけるまでは、やめるにやめられない。

何かをなしとげる方法を知りたいと願うなら、最初にその決意を固めること——これもヘンライの教えだ。

ただし、決意を固める方法は、どこにも記されていない。

自分の絵を描くということ

たまに漫画喫茶で仕事をする。仕事の息抜きに漫画を読む。知らない作者の知らない作品を手にとる。ぱらぱら見ていると、誰のアシスタントをしていたのか一目でわかるくらい某有名漫画家とそっくりな絵だ。そんな作品を読むたびにモヤモヤした気分になる。

ほんとうにその絵でいいのか。

自分の絵を描きたくないのか。

模倣がわるいとはいわない。影響を受けるのもかまわない。でもちょっとくらいその模倣や影響から脱するために、もがいたりあがいたりしてほしいとおもうわけだ。

わたしがそうおもってしまうのもこれまで読んできた本の影響ともいえる。

野見山暁治著『一本の線』(朝日新聞社、一九九〇年刊)に、画家志望の同郷の知り合いが、だんだん師匠とそっくりな画風になって、展覧会の会友に推薦されたときの回想が綴られている。

知人は師匠からお祝いのパレットをもらい、大威張りだった。

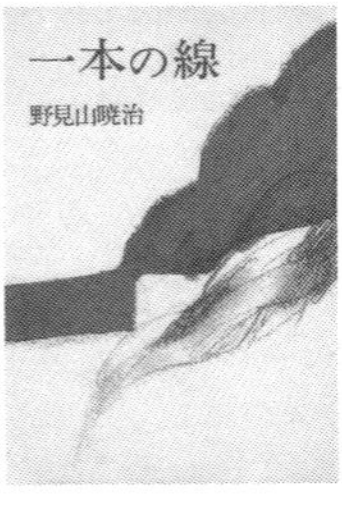

『一本の線』

いっぽう野見山暁治は「羨ましかったが、自分にはそうして喜んでくれる師匠という存在がうっとうしいようにも思え、わけもなく唇をかんで夜道を帰ってきたことを覚えている」という。

また卒業制作展を郷里の母が見たいといってきて、ある葛藤に陥る。

学校の方針にそぐわない絵は会場に飾ってもらえず、廊下に展示されることになる。おそらくそんな光景を母が見たら悲しむだろう。それで学校の気にいるような絵を描くことにした。

努力の甲斐あって、その絵は会場に飾られることになったのだが、結局、母は上京しなかった。

「こんなことなら自分の思うように描けばよかった。せっかくの卒業制作を、ぼくは今でも後悔している。気の弱さをなじっている。どんな状況であれ、絵は自分なんだと」

他人に評価される絵を描くか。

自分の描きたい絵を描くか。

絵にかぎらず、表現や創作に関わる人にとって不朽のテーマである。

野見山暁治は郷里を離れ、東京美術学校に行くことも親に反対されていた。中学の絵の先生が「この子を絵描きにさせたい」と頭を下げて頼んでくれた。父は「絵描きになれなかったら看板描きにでもなれ」としぶしぶ認めた。

病気で帰省したときには、祖父から手堅い商いをやって、暇なときに好きな絵を描いたらどうかと諭された。

「美校を卒業してから、先生はなにをして食べてましたか。……母校の教師をやっているぼくに、学生たちが尋ねたことがある。この学校を出たからといって、絵で食えるわけはない。そんな分りきったことが明日に迫って、ようやく彼らは気づき、戸惑っている」

復刊された『四百字のデッサン』(河出文庫)の「傷痍軍人」というエッセイで、そのあたりのことが記されている。

卒業後、戦争に行くも、ソ連国境近くで肋膜に水がたまって入院。病院を転々とし、内地に舞い戻り、終戦からひと月後くらいに退院した。傷痍軍人制度の廃止にともない、多額の一時金を受けとる。

「二十四歳の若さで、いたって健康でありながら、どういうわけだか傷痍軍人というカクレミノの陰にひそんで、大っぴらに遊びほうけていたのだ」

そもそも野見山暁治も美術学校に行けば、「エカキ」になれるとおもっていた。詩人や小説家と同様、「エカキ」になれる学校なんてない。師匠に認められる絵でも、学校の方針にかなった絵でもなく、自分の絵を描き続けること。それで食えなくてもしかたがない。

学園闘争のころ、美術学校の学生たちは自主制作を要求し、教師不要を唱えた。しかし野見山暁治はその主張に反対した。

「学校がアカデミックをゆるぎない画法として強制したからこそ、私はフォービズムに憧れ、教師の目を盗み、赤や黄色の、人間の肌とは縁遠い原色をベタベタと画面に塗り込んだのではないか。教師はゆるぎない画法にたじろいではいけない。もともとそんなモノは在り得ないにしてもだ」（「絵の教師」／『四百字のデッサン』）

親に反対されても、学校の方針に合わなくても、落第しても、審査員から不評をかっても、貧乏生活を送っても、自分の絵を描く人はどんどん描く。

自分の絵とは何か。それが簡単にわかれば、苦労はない。ただしヒントは『一本の線』や『四百字のデッサン』の随所に記されている。

わたしはところどころ「エカキ」を「モノカキ」と置き換えて読んだ。時折、本を途中で伏せて、野見山暁治の文章にこもる静かな熱を受け止めながら、自分の絵にあたる何かを考えた。

「やたら絵を描きたがる子供でも、大人になるとたいていは、きれいさっぱりと忘れてしまう。だから、いつまで経っても大人になりきれない奴だけが、絵から離れないでいるのだろう」（「新しい土地」／『一本の線』）

きれいさっぱりというわけではないが、わたしも大人になって絵を描かなくなった。子どものころ、夢中になって筆を走らせ、色を塗りたくっていたときの感覚を忘れてしまった。

ここ数年、美術館にも行っていない。

それでもひまさえあれば、「エカキ」の本を読んでいる。

コラム②

あとは流れで

すこし前のことなのに、二〇一二年の記憶はあやふやになっている。何があったと聞かれても、当時の出来事をおもいだせない。

この年のユーキャン新語・流行語大賞の大賞はスギちゃんの「ワイルドだろぉ」だったことも忘れていた。ちなみに、女子中高生ケータイ流行語大賞の金賞は「てへぺろ」である。「てへ」っと笑って、「ぺろ」っと舌を出す仕草でごまかし笑いを意味する擬態語だ。

プロ野球選手には「隔年選手」といわれる一年おきにしか活躍しない選手がいるが、わたしもちょっとその傾向がある。

どうも偶数の年は調子がよくない。そういう時期は無理をせず充電を心がけている。つまり、よく飲み歩いていた……という記憶だけはある。

ふだんは、だいたい三分の二あたりまで原稿を書くと、近所の飲み屋に行く。そのまま飲まずに書き続けるという方法もなくはないが、ずっと家にこもっていると、考え方が内向してくる。声が出なくなる。だから気晴らしをかねて、飲み屋に行って、残りの分を考える。いちおう仕事の途中で飲むさいは「水割三杯まで」というルールを自分に課している。三杯以上飲んでしまった場合は、あきらめて寝て、起きてから続きを書く。わたしはこのやり方を「立ち合いは強く当たってあとは流れで」方式と名づけた。「あとは流れで」

は、二〇一一年の大相撲八百長メール事件のときに有名になった言葉だが、八百長の是非はさておき、文章の書き方にも通じるような気がしたので試してみたわけだ。

で、二〇一二年の話だが、「好奇心の持続について」と題し、久保田二郎と古山高麗雄の本を紹介した回で「どんな人にも好不調の波がある。調子がわるいときは、調子がわるいなりの愉しみ方もある」と書いた。わたしは調子を上げる方法よりも調子がよくないときに切り抜ける方法が知りたい。ゼロからプラスではなく、マイナスからゼロへ。それがこの本のテーマのひとつではなかろうかと今、気づいた。

野球の投手でいうと、万全の状態ではないときに「わるいなりにまとめる」という感覚にちかい。低めにボールを集めて、打たせてとる。完封勝利ではなく、QS（クオリティー・スタート。先発投手が六回三失点以内に抑えること）狙いでいくことも時には必要だ。

低迷しているときには、野球と将棋の本を読むことが多いのだが、プロ野球の選手や将棋の棋士には教えられることが多い。

読み返すと、二〇一一二年は若いころに怠けたツケを悔やんでいる文章が何度か出てくる。調子がよくないときは、過去の自分のせいにして乗りきる。「わるいのは今のおれじゃない、昔の自分だ」と時代や社会のせいにするのではなく、過去の自分と向き合い、今の生活を改善していこうという前向きな方法といえるだろう。

しかしこの方法は、今の自分もいずれ未来の自分に責められる可能性がある。未来の自分には、お手やわらかにといいたい。

2013

プラトーの本棚

『樹に千びきの毛蟲』

Plateau　高原、台地。高原［停滞］状態。学習の一時的な停滞期現象。水平状態になる。停滞期に入る。頭打ちになる（『ジーニアス英和辞典』より抜粋）

＊

何かをはじめたばかりのころは、やればやるほど、新しい技術が身についたり、記録が伸びたりする。ところが、半年か一年くらい経つと、練習や勉強の時間に比例して、上達の手ごたえをかんじることができなくなってくる。

心理学用語では、そうした停滞期のことをプラトー現象（高原現象）という。

この現象は、不調（スランプ）とちがって、これまでできたことができなくなるわけではない。でもどんなに努力を重ねてもまったく進歩している気がしないため、しだいにやる気がなくなる。そこで手をぬいたり、さぼったりしているうちに、後退がはじまる。

ここ数年、というか、ここ十年くらい、わたしは自分の身に生じた原因不明のプラトー現象(呼び名は知らなかったけど)について、くりかえし考えていた。そういう意味では、この現象が誰にでも起こりうる、ありきたりなものであることがわかって、すこし安心した。

では、どう停滞に耐え、どう克服すればいいのか。

ひょっとしたら根性とか忍耐とか意地とか他力本願とか、いまだに科学では解明されていない力に頼らざるをえない部分もあるかもしれない。

今のわたしにわかっているのは、プラトー現象は、時間が解決してくれるということだけだ。種をまいても、すぐ実がならないのと同じで、なかなか育たないからといって、水や肥料をあたえるのをやめてしまうと、枯れてしまう怖れもある。目に見えるような成果がなくても、ふんばるしかない。

「以前、室生犀星が『もう生えている草は全部刈り尽したので、地面に頬をつけるようにしてなにか残っていないかと残っている草を探す』というような意味のことを書いていて、同感だった。また、初期のサローヤンが『一作書くと、カラカラになったタオルのようになって、いくら搾っても一滴も出てこない』というような意味のことを書いていて、同感であると同時に大いに力強くおもった」(「草を引っ張ってみる」/吉行淳之介著『ずいひつ　樹に千びきの毛蟲』潮出版社、一九七三年刊、一九七七年に角川文庫より文庫化)

創作の行き詰まりとプラトー現象はちょっとちがうかもしれないが、吉行淳之介は自分のことを「一作書くとなにもなくなってしまう」タイプだといい、締め切りに追われて、五里霧中の状態でいつも唸っていると告白している。

「こういうとき支えになるのは、これまでも何十回も切り抜けてきたことだから、たぶん今回もなんとかなるだろう、こういう考え方だけである」

プラトー現象は何度も訪れる。抜けたとおもったらまたくる。

読書をしていてもしょっちゅうそういうことがある。毎日のように古本屋に行く。はじめのうちは何を買っても読んでも楽しい。あるいはひとりの作家やジャンルを追いかけているあいだは、古本屋に向かう足どりも軽くなる。

一日に何軒も古本屋をまわったり、頭に血がのぼって後先考えずにインターネットの古本屋で何冊も本を注文してしまったりする。

ところが、ある日突然、ぱたっと好奇心や探究心が萎える。

十代、二十代のころに本を読んで味わったような感動はもう訪れないのだろうか。好みの作家の本は、だいたい読んでしまったのではないか。自分のピークはとっくにすぎてしまったのではないか。これから先、取り組んでみたいテーマがまったく見えてこない。

プラトー期のわたしは、そういう気持になっている。ひと月ふた月で終わるときもあれば、一年以上続くときもある。

以前、将棋の強い知人から「棋力が伸び悩んでいる時期に囲碁の勉強をしたら、それが刺激になって、将棋の腕も上がった」という話を聞いた。

プロのスポーツ選手でも、別の競技をやることで、上達の手ごたえを味わい、プラトー現象から抜け出せることがあるそうだ。行き詰まったら、未知のジャンルに手を出す。初心者の立場から、一からいろいろ吸収する喜びを味わうのは、理に適った行動なのである。

ふりかえると、わたしは停滞期に入ると、知らず知らずのうちに、専門外の本を読みふける傾向があった。ビジネス書、碁将棋、野球、ゴルフ、空手、宇宙、パズル関係の本……。

家の本棚の一部は、プラトー本のカオスを形成し、年々その領域は拡大している。坂の上の高原で雲をつかむような読書の軌跡ともいえる。

そもそもプラトー現象自体、新しい知識や技術が身になじむまでの準備期間だという説もある。火をたやさぬように気長に薪をくべていると、ほんのちょっとしたきっかけで横ばい状態から抜け出せるときがくる……はずだ……たぶん。

だから焦らず、休み休み、ほどよくジタバタするのがいいらしいのだが、残念ながら、いまだにわたしはその知識と技術が身についていない。

何とかなるだろうと信じるほかない。

インナーゲーム理論

二〇一二年の読書生活をふりかえると、あいかわらず寝ころんで本ばかり読んでいた一年だったわけだが、野球の本にはじまり、そのうちスポーツ心理学の本に傾倒し、ひさびさに自分の未知の領域がひろがっていく感覚を楽しむことができた。

中でも最大の収穫はW・T・ガルウェイを知ったことだ。

ガルウェイの『インナーゲーム』（後藤新弥訳、日刊スポーツ出版社、一九七六年刊）は、すでにメンタルトレーニングやコーチングの古典になっている。今でも『新インナーゲーム』（後藤新弥訳、日刊スポーツ出版社、二〇〇〇年刊）は入手可能だが、元版がどうしても読みたくなり、都内各地のブックオフのスポーツの本や自己啓発本のコーナーをまわる日々が続いた。

ガルウェイのインナーゲーム理論とは、テニスのレッスンプロが、禅やヨガの教えをもとに「精神集中、プレッシャーといった心理活動をわかりやすく解きほぐし、セルフ１（自我）セルフ２（無意識部分）という新しい手法で『勝とうとする心』を分析」したものだ。

『インナーゲーム』

ガルウェイは、テニスだけでなく、スキー、ゴルフ、音楽、ビジネスに関するインナーゲーム理論の著作を刊行している。いずれも「セルフ1」の自意識と「セルフ2」の無意識の扱い方が主題になっている。

『インナーゲーム』の第一章でガルウェイは「どうすればよいかはわかっている。問題は、わかっている通りに実行出来ないことだ」という。

スポーツにかぎらず、人間の悩みの大半はそのことに尽きる。練習ではできても、本番になるとうまくいかない。突然、おもいどおりに体が動かなくなる。しめきりが迫っているのに、酒を飲んで寝てしまう。

プロ野球のスカウトの本を読んでいると、選手として大成するかどうかはメンタルにかかっているという話がよく出てくる。とはいえ、プロの選手でメンタルを軽視している人はいないだろう。だとすれば、メンタルの強さ（安定）は、どう身につければいいのか。

テニスのプレイヤー時代、ガルウェイは「自分のベストをプレーし、エンジョイすることを妨げている、この神経質さを克服すること」を欲していることに気づいた。

ハーバード大学でテニス部の主将として活躍した後、東洋思想の研究を経て、インナーゲーム理論を確立する。

わたしがガルウェイの名を知ったのはジョン・セイヤー、クリストファー・コノリー著『スポーティング・ボディマインド』(浅見俊雄、平野裕一訳、紀伊國屋書店、一九八六年刊)という本のおかげである。ジョンとクリスは、一九八〇年代にイングランドのプレミアリーグ、トッテナム・ホットスパーFCでメンタルトレーニングのコンサルタントをしていた。

もともとジョン・セイヤーはバレーボールの選手で、その後、コーチになる。チームは家族のようにまとまり、楽しくやっていたのだが、しだいに不安や欲求不満をおぼえるようになり、気持を鎮めるためにヨガを習いはじめる。

「しばらくして、私は、ティモシー・ガルウェイのうわさと彼の『ヨガテニス』の考えを聞いた」早速、ガルウェイの著作のコピーを手に入れ、「これこそ私が長年求めてきたものだった」と感激し、「カリフォルニアに行ってティモシイ・ガルウェイと会い、『インナー・バレーボール』を書かねばならない」とおもうようになる。

ガルウェイとジョン・セイヤーは、選手、そしてコーチとして挫折した後、ヨガを学んで、その神秘を習得可能な技術に変換しようとした。

ガルウェイは、テニスを「心のゲーム」と考え、精神集中の技法や無我夢中の境地への到達方法を模索する。

動揺して慌てふためく状態(フリーク・アウト)は「過去への後悔」「将来への不安」「現状への嫌悪」によって引き起こされる。

『インナーゲーム』を執筆中、ガルウェイはフリーク・アウトを経験する。

出版社から「あと四日」と原稿を催促されたとたん、何を書いたらよいのかわからなくなり、すでに仕上がった分まで不安におもえてきた。だが、ガルウェイは自らの理論を駆使して、その苦境を乗り切る。

「重要な局面で常に〝冷静さを保つ〟よう訓練された心は、現実に起きている事と、単なる想像上の危険をはっきりと区別するはずだ」

不安も苛立ちも自分の心が作り出したものにすぎず、出来事そのものではない。

もうだめ、無理だ、できるわけない、もっとちゃんとしなきゃ……。「セルフ1」がそんなことをいうときは、たいてい集中力が落ちているときなのだ。

今のわたしも雑念にとらわれまくっている。ちょっと散歩してくる。古本屋に寄る。喫茶店で本を読む。「セルフ2」が酒を飲みたがっている。飲み屋に行く。四時間ほど飲む。家に帰ると「セルフ2」が眠いと訴える。我が「セルフ2」はあまり仕事熱心ではないようだ。困った。

定価の三倍以上のプレミア価格で『インナーゲーム』の元版を購入した以上、なんとかして無我夢中の境地に至る技法を習得したい。

しかしガルウェイの理論によれば、そうした欲もまた雑念の一種なのである。

インナーゲームはむずかしい。

山に登って、小舟を漕ぐ

一語一句おぼえているわけではないが、本を読み終えたあと、自分の中に長く記憶にとどまっている印象がある。晩年の上林曉は三十枚くらいの短篇を半年くらいかけて書いた。病床で利き手ではない左手で小説（たしか「ジョン・クレアの詩集」だったとおもう）を書いていたとはいえ、ものすごく感心した。あこがれるけど、さすがにこれでは食っていけない。もうひとつ、上林曉のエピソードで心に残っているのは「芸術的良心」を売り渡したくないと雑誌のしめきりをひと月遅らせ、しかも原稿料を前借りしたという話だ。いい時代だなあ。うらやましい。

せち辛い世の中からほんのすこし現実逃避したくなり、コタツの中から顔だけ出して、『上林曉　傑作随筆集　故郷の本箱』（山本善行撰、夏葉社）を読んだ。

「僕の文学開眼」という随筆で、上林曉はハンス・カロッサの『指導と信従』に「魂の底深い感動」をおぼえたと述べている。カロッサは同時代の作家からの影響を血肉にした。それに比べ、自分のまわりの日本作家は、同時代の作家からあまり吸収していないと苦言を呈す。

『上林曉 傑作随筆集
故郷の本箱』

「なかには皮相な思想や意匠を藉《か》りるにすぎないものもある。最も極端なのは、同時代の作家をすべて軽蔑している者もある。だが僕たちは、あらゆる作家、作品、事物から、その好きなところを学んで、自分の魂を少しでも発展させるように心がけねばならぬ」

上林暁自身は、芥川龍之介の影響を受け、西洋ではトーマス・マンに傾倒したと告白している。少年時代に芥川の作品に接し、「作家として息が長くつづくためには、学識や教養を出来るだけ積むように努力せねばならぬ」とおもうようになった。そしてトーマス・マンを読み、「僕は持続の作家たらん」という決意を固めた。

上林暁は一九〇二年生まれ。芥川は一八九二年、カロッサは一八七八年、マンは一八七五年生まれである。だいたい三十年ほど生年に幅がある。

自分が読書をはじめたころに現役だった作家は「同時代の作家」と考えてもいいだろう。

いっぽう上林暁は大の古本好きだった。

『故郷の本箱』にも古本に関する文章が数多く収録されている。

「しかし、古本を漁る楽しみは、早稲田だとか、本郷だとか、神田だとか、眼の肥えた、言わば擢れからしの古本屋を歩くよりも、街裏や路地などにある小っちゃな古本屋で、思いがけぬ本を、埃を払って手に入れるのが一番楽しみである。而もそれは安くなくてはならぬ」（「大正の本」／同書）

古本愛がものすごく伝わってくる文章だ。古本好きでありながら「同時代の作家」を血肉にせよと綴っているところに、上林暁の凄みがある。

昨年は『故郷の本箱』だけでなく、全集未収録作品百二十五篇をおさめた上林暁著『ツェッペリン飛行船と黙想』（幻戯書房）も刊行された。

「自分にはもう青年のやうな若々しさはない。しかし、書く物に生氣を失つてはならない。いつまでも生氣を！」（自分に言ひ聞かせる言葉）

「作家の独創性といふものは、ひとがなをざりにして、問題にしないところに、問題を見附けることだ。問題は、石ころのやうに到る處に轉つてゐる。石ころからさへも小説の作れる人が、独創的な作家といふものだ」（覚書）

引用した文章はいずれも未発表で執筆時期は四十代半ばくらい。

上林暁はコツコツとすこしずつ山を登り、自分の息を引き取るころが峠になることを望んだ。

一九七四年、「ブロンズの首」で第一回川端康成文学賞を受賞した。上林暁、七十二歳。六十歳のときに脳溢血で右半身不随になってしまったにもかかわらず、それ以降の小説がまったく衰えなかったことは「持続の作家」の面目躍如である。

この何日間か、わたしは上林暁の本を読み続けた。読み出したら、止まらなくなった。三十代のはじめに読んだときよりも身にしみた。とくに「小説を書きながらの感想」（『故郷の本箱』所収）は得るものが多かった。

上林暁は文学以外のことに時間をとられるのは苦痛でしかたがない。生きているかぎり雑事から逃れることができない。そこで「文学が実生活の反映である以上、実生活である雑事に没頭出来ないようでは、好い文学が生れる道理はない」という結論に至る。

ここでいう「好い文学」は立派な作品という意味ではない。深刻な作品でもない。「地味な、卑近なことを誠実になすこと」

長く文学生活を送っているうちに、新しく登場した作家にどんどん追い越されていく。だが、上林暁はまったく気にしない。どこに到着するのかわからないけど、艪を休めずに小舟を漕いでいくのが、文学者としての自分の態度だと表明している。そして停滞したり、脇道に外れたりしたことも、文学の「滋味」になると考えていた。

上林暁の著作は、いずれも滋味掬《きく》すべき作品ばかりだ。なんというか、肉というよりは、手間暇かけて作った豆腐みたいな文章なのである。味がないようである。

現代の文学から「生氣」を養い、昔の文学を読み「滋味」をあじわう。

ここのところ、もっぱら「滋味」専になっている。もうすこし「同時代の作家」も読んだほうがいいのかもしれない。いや、上林暁は一年に二冊も新刊が出ている。わたしの基準では完全に「同時代の作家」である。異論は認めない。

キンドル生活事始

昨年末、キンドルファイアＨＤを買った。その結果、携帯電話よりも先に電子書籍端末を所持することになった。いきなり文明レベルが三段階くらい上がったような気がする。

長年、旧態依然たる生活を送っていたわたしが、はたしてキンドルを使いこなせるのだろうか。

いきなりクレジットカードがないと無料アプリすらダウンロードできないという現実に直面した。過去に二度、クレジットカードを作ろうとして、いずれも審査が通らなかった。理由はわからない。「むこうがその気ならこっちからお断りだ」とヘソを曲げて幾星霜――しかしカードがないとせっかくのキンドルが単なるインターネット専用機になってしまう。

というわけで、今年の一月半ばに会費無料のクレジットカードを申し込んだ。どうにか無事審査も通り、三週間後、家にカードが届いた。

さっそく詰将棋パラダイスをダウンロードした。仕事のあいまの息抜きのつもりが、毎日三時間くらい遊んでいる。

「だだをこねる」

記念すべき一冊目は、鈴木みそ『限界集落《ギリギリ》温泉』の第一巻を買うことにした。コミック部門でベストセラーにもなっている話題作のこの巻は特別定価で百円だった（二巻以降は四百円）。指でシャッシャと画面をなぞるとページが変わる。楽しい。画質もきれいだ。何といっても家にいながら買ってすぐ読めるのもすごい。しかもダブリ買いの心配もない。

それから宮崎克原作、吉本浩二漫画『ブラック・ジャック創作秘話　手塚治虫の仕事場から』（秋田書店）も買った。

電子書籍だと読後の印象が薄くなるのではないかと危惧していたのだが、おもしろいものはおもしろい。

ふとおもったのだが、今、所持している漫画の何分の一かを電子書籍で買い直せば、その分、新たなスペースを確保できるのではないか。巻数が多くて置き場所がないという理由で買うことを躊躇っていた漫画や時代小説も買える。でも〝紙の本〟（とうとうこの言葉をつかう日が来てしまった）とくらべて、今のところ、コミックスはそれほど安いかんじはしない。

森高夕次原作、アダチケイジ漫画『グラゼニ』の一巻を見ると、コミックスが五百七十円、キンドル価格は五百二十五円で四十五円の差である。

この先、『グラゼニ』（講談社）が十巻、二十巻と巻数が増えていった場合のことを考えると、早めに電子書籍に切り替えたいのだが、紙とほとんど値段が変わらないのなら、わざわざ買い直すべきかどうか迷うところだ。

ちなみに吉川英治の『三国志』（ゴマブックス）のキンドル価格は一巻が百円、二巻以降は百五十円である（全十巻）。

つい買ってしまったよ。もう吉川英治の文庫は古本屋に売るよ。

さらにキンドルを探索していたら、なんと中里介山の『大菩薩峠（全巻）』が三百円で売っていた。よく見ると青空文庫ならゼロ円である。

いつの間にか知らないうちにすごいことになっている。

漱石、鷗外も青空文庫なら無料で読める（今さらの話かもしれないが）。辻潤の随筆もいくつかあったので、片っ端からキンドル版の青空文庫をダウンロードしてみた。辻潤の「ただをこねる」というエッセイに次のような記述があった。

「自分はむかしッから、物をもつことがきらいな性分だ。どうしてきらいかというとうるさいからだ。これは自分が無慾だということではなく人一倍物に対する執着が強いせいだ」

紙で読んでも、電子書籍で読んでも、辻潤の文章は無内容でぐだぐだで素晴らしい。

尾形亀之助の詩や随筆もあるかなと検索してみたら、『障子のある家』『色ガラスの街』『雨になる朝』『私と詩』『さびしい人生興奮』『机の前の裸は語る』……。

これが、ぜんぶ、ただなのだ。夢のようだ。無料の青空文庫と詰将棋パラダイスだけでも、元がとれる。なにより場所をとらないのは魅力である。都内で賃貸マンション暮らしをしている身からすれば、魔法の箱のようにおもえてくる。

購入前は「キンドル買ったけど、やっぱり紙がいいわ」というオチになるかなとおもったのだが、今は「電子書籍ありだわ」という心境になった。

とはいえ、まだまだ電子書籍で読める本は限られている。それでもこれまで置き場所がなくて買えなかった本が読める。

クレジットカードを作ったことで、それまではコンビニエンスストアで支払いができるところでしか買えなかったアマゾンの古本も買いやすくなった。

この先、わたしの読書生活は「紙か電子か」ではなく、「何を紙で読み、何を電子で読むか」という選択になっていくだろう。「紙は古本、新刊は電子」と単純に割り切れるかどうかはわからない。

杞憂かもしれないが、もしアマゾンがなくなったら、ダウンロードした書籍はどうなるのか。過去の電子書籍端末のたどった歴史を考えると、そのあたりがまだ信用できないのである。

ある日突然、数千冊の電子書籍のデータが消えてしまったらどうしよう。まあ、生活苦に陥って、大量に蔵書を処分しなければならない事態に陥る可能性のほうが高い気もするが……。

とりあえず、カード破産しないようにしたい。

わたしとアップダイク

「『投手は全員ノーラン・ライアンのような球を投げるべきだ』などという主張は、『作家は全員ジョン・アップダイクのような書きかたをすべきである』と言うのと同じぐらいばからしい。すぐれた投手とはアウトを取る投手をさし、どうやってアウトを取るかは問題ではない」

マイケル・ルイス著『マネー・ボール』（中山宥訳、ハヤカワノンフィクション文庫）を読み返した。何度読んでもおもしろい本だが、ところどころ忘れている。アップダイクの名前の出てくるのは、第10章の「サブマリナー誕生」である。アスレチックスのチャド・ブラッドフォードはからだを〝くの字〟に曲げ、右手を地面すれすれに手首をひねりながらボールを投げる。３Ａで抜群の成績を残していたが、奇妙な投げ方のため、なかなかメジャーに上がることができなかった。資金難のアスレチックスは旧来のチームとはちがう視点（評価基準）で選手を安く集め、快進撃を続ける。

『マネー・ボール』は、野球を経済あるいは統計学から見直したノンフィクションなのだが、ひ

『アップダイクと私　アップダイク・エッセイ傑作選』

とつの指標から、それまで埋もれていた才能を次々と発掘していく話でもある。

ちょっと前置きが長くなってしまったが、今回、わたしが書こうとおもっているのはジョン・アップダイクの話である。

書店で『アップダイクと私　アップダイク・エッセイ傑作選』（若島正編訳、森慎一郎訳、河出書房新社）を見たとき、心から「売れてほしい」とおもった。

アップダイクが亡くなったのは二〇〇九年一月二十七日だから没後四年——。

わたしがアップダイクを読みはじめたのは亡くなる一年くらい前だから、自信をもって、にわかファンだといえる。そのきっかけになった本は『一人称単数』（寺門泰彦訳、新潮社）である。パロディあり、批評あり、コラムありといったかんじのバラエティブックなのだが、中でもレッドソックスのテッド・ウィリアムズについて書かれたエッセイが格別によかった。

マイケル・ルイスは、伝説の大投手ノーラン・ライアンとアップダイクの名前を並べている。たしかにアップダイクはアメリカ文学の巨匠である。長篇も短篇も一級品で、同時にノンフィクション、エッセイ、スポーツコラム、映画評、書評にも定評があった。

つまりアップダイクは豪速球投手というより、野手で足、肩、守備力、打撃力、長打力の揃ったファイブツールプレイヤーのような作家なのである。

『アップダイクと私』に「ボストンファン、キッドにさよなら」というレッドソックスのテッド・ウィリアムズについてのエッセイが収録されている。

　ウィリアムズは、首位打者六回、打点王四回、本塁打王四回、三冠王二回を獲得しているが、打率ではタイ・カッブ、強打ではベーブ・ルースにかなわない。ファンやマスコミとの関係も良好とはいえず、ボストンのフェンウェイ・パークでは「罵詈中傷にバット投げ、ブーイングに唾吐きという長きにわたる応酬」をくりかえした。いっぽう助言を求める選手には快く応じ、審判には常に度がすぎるほど丁重だった。

「私にとってのウィリアムズは、八月の暑い平日、まばらな観客の前で、うまくやれるかやれないかという紙一重の差にすべてを賭けてプレーする、そんな古典的な野球選手である。（中略）野球のおもしろさを支えているのは、スポーツ記者の好物である折々の派手なプレーではなく、どんな状況でもつねに本気でプレーする選手たちなのだ」

　ちなみに、ウィリアムズの通算出塁率（四割八分二厘！）は、大リーグの歴代一位であり、『マネー・ボール』の価値観からすれば、もっともアウトになりにくい「最高の打者」といっても過言ではない。

　ひとつのアウト、ひとつのヒットがシーズンの行方だけでなく、選手やチーム、さらには観客の運命を左右することもある。

　数字にはあらわれない一打の価値というものは存在する。

『アップダイクと私』は、書評もすごく充実していて、夏目漱石や村上春樹のかなり長文の書評も読める。とんでもなく守備範囲が広い。でもわたしは驚かない。『一人称単数』所収の「読まれない本の道」というエッセイを読み、アップダイクは日本の文学だけでなく、日本史にも詳しいことを知っていたからだ。

『アップダイクと私』の若島正の解説には、「職業的書評家として自分に課していた規律」や書評の心得をいくつかあげている。『マネー・ボール』の解説の丸谷才一の書評観と通じるところがあるとおもった。詳しく紹介したいところだが、書評家の規律にしたがえば、この部分は読んでのお楽しみというしかない。

日本では海外のコラムやエッセイ集の出版点数はあまり多くない。一九九〇年代半ば以降、激減した。残念でならない。悲しい。ちょっと泣きたい。だからこそ『アップダイクと私』の刊行は快挙だといいたい。

「作家は全員ジョン・アップダイクのような書きかたをすべきである」とはおもわないが、心ある編集者には『アップダイクと私』のような本を作ってほしいというのが、わたしの願いである。一見地味だけど、出塁率の高い選手のような埋もれた名著がまだまだたくさんあるはずだ。

このジャンル（海外の雑文集やスポーツコラム）に飢えている人はけっこういるとおもう。すくなくとも、ここにひとりいる。

おすすめ商品との戦い

昼すぎ、神保町に行く。JR中央線でお茶の水まで行くか、東京メトロの東西線直通の総武線で行くか。その日の気分で乗りわける（先に来たほうに乗ることが多い）。

新刊書店と古本屋をまわって喫茶店で休憩する。おなかが空いているときは、たいてい小諸そばかはなまるうどんですます。

十年一日というか、二十年くらいそのくりかえしである。小諸そばとはなまるうどんがなかったころは、すずらん通りのたつ屋（たつや）の牛丼をよく食べていた。

同じ店で同じメニューを注文する。昔からそうだった。すこし前に読んだ本でこうした傾向の人は、対人関係が苦手な人が多いというようなことが書いてあった。食べ物だけでなく、年中、同じような服を着ている人もそうらしい。

人生は選択の連続だから、何でもかんでも選んでいたら、それだけで時間がなくなる。

迷うのは本を買うときだけでいい。

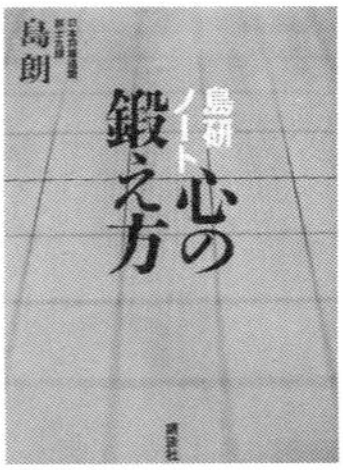

『島研ノート　心の鍛え方』

最近、アマゾンで本を買うようになって、「あなたへのおすすめ商品」のメールがやたらと届くようになった。最近の「おすすめ商品」は、島朗著『島研ノート　心の鍛え方』（講談社）、加藤一二三著『羽生善治論　「天才」とは何か』（角川ｏｎｅテーマ21）、井箆重慶著『プロ野球もうひとつの攻防　「選手vsフロント」の現場』（角川ＳＳＣ新書）、星野伸之著『真っ向勝負のスローカーブ』（新潮新書）といったかんじだ。

たぶんアマゾンのコンピュータは、わたしのことを将棋と野球が好きな人間だと考えているにちがいない。たしかに、そのとおりだ。どれも読みたい。島朗の本は刊行前から気になっていて、出てすぐ読んだ。島朗著『純粋なるもの――トップ棋士、その戦いと素顔』（新潮文庫）も好きな本だが、今回の新刊はそれ以上にいい。島研は、後に名人をはじめさまざまなタイトルを獲得することになる羽生善治、森内俊之、佐藤康光が十代のころに参加していた将棋の研究会である。はじめたころは、島のほうが段位は上だったが、研究会では、若手三人にほとんど勝てなかったという。

加藤一二三の本は未読だが、まちがいなく読むだろう。井箆重慶って誰だろう。元オリックスの球団代表か。知らなかった。星野伸之のスローカーブ、懐かしいなあ。

しかしそんなかんじで「おすすめ商品」をすすめられるままに読むのは、なんとなく癪である。便利さとひきかえに大切な何かを失うのではないか。お金とか。

今年のはじめ、わたしはようやくクレジットカードを作り、ワンクリックで本を買えるようになったのだが、いまだに驚きと戸惑いの連続だ。アマゾンは何か買おうとするたびに「この商品をチェックした人はこんな商品も購入しています」と教えてくれる。

たとえば、小山清著『落穂拾い・犬の生活』（ちくま文庫）をチェックすると、梶山季之著『せどり男爵数奇譚』（ちくま文庫）とか太宰治著『晩年』（新潮文庫）とか三上延著『ビブリア古書堂の事件手帖』（メディアワークス文庫）といった本が表示される。

唐突にSF作家のロバート・F・ヤングの『たんぽぽ娘』（深町眞理子訳、河出文庫）が出てくるのも『ビブリア古書堂〜』の影響だろう。

小山清を読んだ人には上林暁や木山捷平をすすめたいというのは昔の感覚なのかもしれない。古本屋に行けば、これらの作家は同じ棚に並んでいることが多い。

古本屋の棚に次に読む本を教えられる。

この先、そんな自分の読書スタイルも変わっていくのだろうか。

コンピュータにすすめられるままに本を買う。読んでいる途中に、知らない作家、気になる作家が出てくる。検索すると、その作家の刊行物の一覧が出てきて、ワンクリックで購入できる。電子書籍の場合、ダウンロードすれば、すぐ読める。読み終わったら次の本をすすめられる。

かつては一冊の本を見つけるまで五年、十年かかることもよくあった。その作家の本は何冊あるのか、どんな作品が出ているのか、著作リストを作るのはかなり骨の折れる作業だった。探求書を見つけられるかどうかは古本屋をまわる時間に比例する。店をまわればまわるほど、それだけ入手できる可能性も上がる。本を読んでいる時間よりも本を探している時間のほうが長くなることもあった。

行ったことのない町の知らない古本屋に入る。気になる本を手にとる。値段を見る。自分の考えていた古書価よりも高いと買うかどうか悩む。諦めて棚に戻す。もういちど同じ本が自分の前にあらわれる保証はどこにもない。「なぜあのとき買っておかなかったのか、オレのバカ」と悔やむ。そうやって逡巡して時間をかけて本を探していたときのほうが愉しかった気がする。

もちろん、インターネットの検索と同様、「おすすめ商品」も万全ではない。だけど、自分の趣味がかなりの精度で把握されつつあることは認めざるをえない。

先日、インターネットや電子書籍事情に詳しい編集者に「おすすめ商品」のことを話したら「何年前の話してるんですか」と笑われた。彼のところには本だけでなく、DVD、CD、ゲームその他もろもろのおすすめ情報が、一日二十通、三十通届く。

「ぼくは、ステアカ作って、スパムとか、ぜんぶそっちにいくようにしてますよ」

ステアカは捨てアカウントの略で、無料で登録できるメールアドレスのこと。これも今さらの話なのかもしれないが、わたしは初耳だったので書いておく。スパムは肉の缶詰じゃない。

理想の書斎について

以前、「最近、漫画喫茶で仕事している」というような文章を書いた。それを読んだ飲み仲間のひとりが、行きつけの飲み屋で「魚雷さんは漫画喫茶でアルバイトしているらしいけど、生活が苦しいのかなあ」と心配していたらしい。

生活が苦しい件については、当たらずとも遠からずともそのとおりともいえるのだが、すくなくとも漫画喫茶でアルバイトはしていない。

ようするに、週一日か二日くらい、週刊誌のバックナンバーなどのチェックをかねつつ、近所の漫画喫茶で原稿を書いているのだ。

利用するのは九百円の三時間パック。とはいえ、その店はいつももより駅の前の信号付近で二百円の割引券付のポケットティッシュを配っている。わたしは通りがかるたびにそれをもらっているので三時間七百円で利用していることになる。

コピー機（一枚二十円）もつかえるし、フリードリンク（最近はスープ類も充実している）だけ

『天野忠随筆選』

ではなく、注文すれば軽食（ランチは二百八十円）も出る。

平日の昼や夕方は空いているから快適である。ただし漫画を読みはじめると、仕事に支障が出る。もっともわたしが漫画喫茶で仕事ができるようになったのは、読みたい作品がなくなるくらい通いつめた精進の結果である。そうなるまでに二十年以上、累計三千時間以上の時を要した。数万冊の漫画に囲まれながら、今、この原稿を書いている。その前に『週刊ベースボール』のバックナンバーを三号ほど熟読したが、そのくらいの余裕はあったほうが、仕事も捗る。

自宅だと机のまわりに買ったけど一頁も読んでいない古本や新刊本が山のようにある。ちょっとコーヒーでも飲もうと立ち上がるとその山が崩れる。むしょうに片づけたくなる。台所に行くと、流し台に洗っていないコップや皿がある。洗いたくなる。コップや皿を洗うと、換気扇やガス台の汚れが気になる。

ようやく掃除が終わって仕事をしようとパソコンを立ち上げるとメールがくる。読む。チャイムが鳴る。インターネットで注文した本が届く。読みたくなる。そうこうするうちに夕方になって腹が減ってくる。料理を作る。腹がふくれたら、酒を飲みたくなる。そのつもりはなかったのだが、酔っぱらう。どういうわけか眠くなる。

その点、漫画喫茶の場合、漫画や雑誌を読むか、仕事をするか、二分の一である。仕事を選ぶ確率はけっこう高い。仕切られた空間の狭さも集中するには好都合だ。

もしいつの日か、自分の家を建てるか、マンションを購入することになったら、部屋の片隅に、行きつけの漫画喫茶の席にそっくりの一畳くらいの極狭の書斎を作りたい。仕切りと天井のあいだは少しすき間があってもよい。小さなパソコンデスクを置いて椅子はマッサージチェアでやや高めの位置に電気スタンドをつける。

でも家やマンションを購入し、リフォームするよりも、漫画喫茶に通い続けたほうが、はるかに安くすむだろう。待てよ。ちょっと計算してみる。

一日三時間（七百円）×一年（三百六十五日）＝約二十五万五千五百円。十年で二百五十五万五千円。二十年で五百十一万円。都内の中古のワンルームマンションが買える値段だ。

ここまでの原稿を漫画喫茶で書いた。

漫画喫茶の個室のような書斎について考えているうちに、天野忠著『余韻の中』（永井出版企画、一九七三年刊）所収の随筆をおもいだした。

天野忠は妻とふたり三間の家で暮らしている。たまに子どもと孫が遊びに来る。にぎやかな孫から逃れるための部屋がほしい。そこで便所の隣のちょっとした空間に「机を一つ置き私一人が手足をのばしてねられる二畳ばかりの部屋」をこしらえた。

「書斎が出来てしまうと、その二畳半の畳のまあたらしい匂いと、まっさらの障子でくっきりと区切られた（但し便所わきの）落ち着いた小天地の中にひっそり坐っていると、さて、何もする

ことが無くてソワソワしてくる」（「書斎の幸福」／同書）

はじめてこの随筆を読んだとき、理想の書斎ではないかとおもった。天野忠は、図書館で働きながら詩や随筆を書いていた。年金がもらえるギリギリの年数まで勤めた後、仕事をやめる。住まいは周囲の相場と比べて格安の借家だった。裕福ではないが、食うには困らない。ひまもたっぷりある。ところが、詩人は書斎を作ったとたん、「手も足も出ないほど何もすることがないらしい」という状態に陥ってしまう。

幸福と安楽はイコールではない。おもいどおりにならない、逃れたい現実があり、失敗をくりかえす。どうにかしたいとおもい、工夫して乗りこえる。その試行錯誤がおもしろい。あまりにも自由すぎると何もしたくなくなる。たぶん漫画喫茶に行くのも億劫になる。

満ち足りた状態というのは、そこに到達した瞬間から陰りはじめる。書斎の幸福もまたそういうものなのかもしれない。

近所の漫画喫茶は六十歳以降はシニア割で三時間パックの料金は五百円になる。いまからシニア割を利用できる日が楽しみなのだが、このシステムが続く保証はないし、漫画喫茶という形態の店が存続するのか、自分がどうなるかもわからない。

上京以来、行きつけの漫画喫茶は三軒閉店している。

理想の書斎を維持するために、これから二百八十円のランチを食いに行くつもりだ。

午前と午後のあいだ

まず作家のエッセイを読み、それから小説を読むことが多い。

エッセイを読むさい、わたしは「言圧」を重視している。「言圧」とは、文字通り言葉にふくまれる圧力みたいなものだ。言論弾圧の略ではない。自信満々に書かれた文章は「言圧」が高い。逆に読者の顔色を伺いすぎる文章は「言圧」が低い。

ほどよい「言圧」の文章は、読んでいて心地いいし、あまり疲れない。体調がよくなくて元気がないとき、気持が沈みがちなときでも読める。

わたしは年がら年中ぐったりしている。だからこそ、ほどよい「言圧」の書き手を探し求めることは、我が読書生活における重要事項（その一）なのである。

万巻の書物の中から、そういう作家を見つけるのは簡単ではない。

稀に自分の理想とおもえるような「言圧」の文章を書く作家にもかかわらず、手にとることなく歳月を重ねてしまうことがある。ようするに、なんでもっと早く気づかなかったのかと悔やん

『豚を盗む』

でいるわけだ――佐藤正午のエッセイの素晴らしさに。

名前は知っていた。自分が憶えていないだけで、友人からすすめられたこともあるかもしれない。でもどういうわけかこれまで読むきっかけがなかった。

今年からキンドルを使いはじめて、だんだん慣れてきた。カテゴリーを絞り込み、「エッセー・随筆」を選ぶ。このジャンルは出版点数がまだ少ない。今のところ千冊ちょっとだ（二〇一三年六月現在）。

あるとき、寝る前にざっと見ていると、佐藤正午のエッセイ集『豚を盗む』、『象を洗う』、『ありのすさび』（いずれも光文社文庫）の三冊が並んでいた。

試しに『豚を盗む』の画面をタッチすると、商品説明に「生きることの大半は繰り返し」という一文があらわれた。即、オレンジ色の購入ボタンを押した。

「つまり『生きることの大半は繰り返し』というとき、その中には、新しいものを求める行為が含まれていると思う。人は繰り返し繰り返し新しいものを求めて生きてゆく。そこまで含めた意味での、要するにあらゆる意味での繰り返しに人は生きる時間の大半をついやす。愚かだ」「転居」というエッセイの一部である。この文章を読んだ途端、長年にわたる不明を恥じる気持になった。

『ありのすさび』の「一九八〇年五月七日、快晴」を読んで、自分の目は節穴だったのかとさえおもった。題名の日付は佐藤正午が偏愛していた同郷の作家の命日である。やるべきことを見つけられていなかった時期に、その作家の小説の登場人物たちに自身の姿を見ていた。「彼らは地方の街で暮らし、穏やかな日常に満たされず、何かを捜して歩きまわっていた。それは僕も同様だった」

佐藤正午が好きな作家はわたしも愛読している。関口良雄著『昔日の客』（夏葉社）にも登場する作家といえば、わかる人にはわかるだろう。

好き嫌いを理由に読まない作家はいる。いっぽう好きか嫌いかさえわからないまま読まずにいた作家もいる。佐藤正午は後者だった。避けていたわけではない。何かしらの偶然が重なり、読書傾向の死角に入っていたとしかおもえない。

重要事項（その一）の「言圧」は文句なしだ。ひどい二日酔いのときにページをめくってみたが、この上ない読み心地だった。今では書いたものはすべて読みたいとおもう作家になった。

気にいった本にはパラフィン紙をかけたいから、電子書籍で買った三冊のエッセイ集は文庫で買い直した。なかなか見つけることができなかった最初のエッセイ集『私の犬まで愛してほしい』（集英社文庫）もインターネットの古本屋で購入した。

我が読書基準の重要事項（その二）をいわせてもらえば、作家は無職並びにプータローの経験があることが望ましい。

佐藤正午は完璧な経歴である。

「五十四年秋、佐世保に戻った。

定職に就かず塾の教師やホテルのフロント係をやって食いつなぐ。定職に就こうとして裁判所の試験を受けたり、別府温泉に二ヶ月滞在して図書館司書の資格を取る。競馬の代りに競輪を覚えた」（「かなりいいかげんな略歴」／『私の犬まで愛してほしい』）

北海道大学文学部時代に留年を二度くりかえしたこと、さらに大学を中退したことも記されている。昔からわたしは浪人、留年、中退を経験した作家が好きだ。

我が読書基準からすれば、どうして読み損ねていたのか不思議でならない。

書店めぐりの修行が足りない。先入観やジャンルにとらわれず、立ち読みでもいいから、未知の作家の本を果敢に手にとり、一瞬でもいいから目を通す。その行為をくりかえすしかない。

佐藤正午は一九八三年に『永遠の１／２』ですばる文学賞を受賞し、デビュー。

『正午派』（小学館）の年譜によれば、「規定の枚数は２５０枚以内のところへ、応募作はおよそ７００枚。ルール違反を承知で原稿をカステラの箱に詰めて送ってみた」とある。

応募時のタイトルは『女は箒に跨がって飛ぶ』だった。

今年の秋、三十周年をむかえる。

ちなみに、わたしの佐藤正午デビューはまだ一ヶ月ちょっとだ。

福満しげゆきの活字本

今年二月に『僕の小規模な経済学』（朝日新聞出版）、六月に『僕の小規模なコラム集』（イースト・プレス）と福満しげゆきが次々と〝活字本〟を刊行している。

二〇一〇年五月に出た『グラグラな社会とグラグラな僕のまんが道』（フィルムアート社）も合わせると、現在までに三冊の〝活字本〟がある。

エッセイ集や小説を出している漫画家は珍しくはないけど、福満しげゆきの場合、その語り文体（口調）が芸になっている。ひがみっぽくひねくれた絶妙の視点と2ちゃんねる経由の胡散臭い情報を駆使した社会分析は、二〇一〇年代の論客として、もっと注目されてもいい。

福満しげゆきは一九七六年生まれ。『ガロ』の読者コーナーからデビュー。工業高校を中退し、定時制高校に入りなおし、夜間大学に進学するも中退している。

アルバイトをしながら漫画を描き続ける作者自身を主人公にした『僕の小規模な失敗』（青林工藝舎）で脚光を浴びた。

『グラグラな社会とグラグラな僕のまんが道』

『グラグラな社会とグラグラな僕のまんが道』には、この作品を描いていたころのことをこんなふうに回想する。

「『僕の小規模な失敗』は自伝的な作品で、結婚した、というのが結論になっているのなら、あの絶望的な日々も描けるんじゃないか、と思って描きはじめたんです。でも、よく考えると、あれを描いていた段階でも、僕、仕事してないんですよね。結婚しただけで、すべてが肯定できたと思っちゃったんですよね」

当時、福満しげゆきはセブン－イレブンでアルバイトしていた。コンビニ以外にも、ピザ屋、百円ショップ、中古ＣＤ屋など、様々なバイトを転々とする。その後、作者が妻と結婚し、子どもが生まれ、順風満帆な生活を送るようになると、貧乏でモテない主人公に共感していた読者の中には「裏切られた」みたいな感情をいだく人も出てきた。

「『福満しげゆき、なんだかんだで幸せにやってるんじゃねえか』と批判しているような方がいるのであれば……、『まず、落ち着け』と言いたいです。

僕だってずっと、『絶対もうムリだ、道端の汚れみたいになって死ぬんだ』と思っていたけど、でも、まだ、やってるではないですか。（中略）……だってね、どっかの企業のおぼっちゃんがコネで仕事してるようなことを僕がマンガで批判したりするのに対しては、みんな『そういうのに文句を言うのは下品だ』とか言うくせに、僕みたいなのがうまくいってるように見えると、すごく妬むんですよ！　それって、おかしいんですよ！」

物書、漫画家、ミュージシャン、芸人など、貧乏やモテないことを売りにしていた人が「幸せ」になったとき、どうするのかという問題がある。

『僕の小規模な経済学』でも、このテーマに言及している。

福満しげゆきは、いわゆる「リア充」からあぶれているポジションの漫画を描こうとした。ところが「2ちゃんねる的なもの」を見たら、「まさか、僕的な奴の仲間でいっぱいだったのか!?」とビックリする。

「もはや2ちゃんねる的なところでは、そこから逆転現象も起こしてしまって、僕のほうがリア充、って言われるようになってしまったんですよ。やりづらいったらありゃしない」

わたしは三十二歳のときに結婚し、共稼ぎになり（といっても収入の大半はアルバイトだった）、生活がすこし安定したとたん、貧乏な独身時代の文体がしっくりこなくなった。

急激な心境や生活の変化に文章がついていかない。平穏で退屈な日々を綴っても仕方がない。今では自意識過剰だったとおもうのだが、当時は真剣に悩んでいた。

福満しげゆきはこの問題に正面から取り組んでいる。さらにそのごまかし方（「羽振りがよい」とおもわれたくなくて、部屋にあるＦＡＸを漫画に描けなかったことなど）まで正直に書いている。

『僕の小規模なコラム集』は、生活保護や原発問題など、社会派コラムっぽい要素もある。でも本領はちがう気がする。「僕の『不安病』を聞いてください……」で現在の自分を九〇年代のまだ出版業界の景気がよかったころ、「誰に該当するポジションかな？」と変換し、「当時で言えば僕くらいのポジションに『該当』したマンガ家さんの現在を見まして、『うわ……現在では……微妙なポジションだなー』とか、失礼な話ですが考えてしまいますよ」と自己を突き放しながら、分析する。こうした独特の客観性が秀逸なのだ。

四十代から五十代にマンガ家を続けていられる自信がなく、自分が失業したときの不安を延々と語る。「微妙なポジション」の自由業者は必読だろう。

それから「就職氷河期世代」の福満しげゆきの立場からの「バブル世代」批判は、けっこう痛かった。

「そう！　70～90年代前半くらいまでは『夢破れた！』のあとは、『イヤでイヤで、しかたないけど最悪の選択肢として、やむを得ずサラリーマン』になれた時代だったわけです。本当にバブル世代はすぐ『バブル時代！　浮かれ罪！』の罪を回避してこようとするので、注意が必要です」

う、浮かれてなんか、いや、やめとこう。反省しよう。この先、なるべく酔っぱらって若者に説教しないよう気をつけたい。その後、勢い余って、福満しげゆきの漫画を片っ端から読み、最近、自分が愚痴っぽい文章をあまり書かなくなっていることについても反省した。

周五郎と三十六の日記

『山本周五郎 戦中日記』

四十歳以降、突如、納豆が食えるようになり、自分の中の何かが変わりはじめる。辛い物もずっと苦手だったが、けっこう大丈夫になった。

その日の自分の調子に合わせて食事をする。それができるようになって、すこしずつではあるが、体調が改善されてきたとおもう。

休肝日を作ったり、睡眠に気をつかったり……。齢とともに、無理がきかなくなって、そういうことを考えるようになったのかもしれない。しかし無理がきかないから、何事もほどほどですませようとしがちになる。そんなぬるくて、ぐだぐだだらだらした日々をすごしていると、惰性という言葉以外に今の自分の状態を表す言葉がおもいつかない。

何もかもが面倒くさい。そんなときは山本周五郎の日記を読むに限る。

二〇一一年十二月、『山本周五郎 戦中日記』（角川春樹事務所）が書籍化された。

「仕事の失敗がつづいて意気あがらず、戸越へ借用の使をやる、『阿漕の浦』十七枚まで、数日酒なし。

夕傾よりさらさらと音して小雨、久しく降らないから降って呉れたらと思う。仕事少しふんばらぬとクサルだろう、息ぬきをしたいと思うが、ひと片付けしないと動けない、頑張るべし周五郎」


引用部は一九四三年三月二日の日記。

当時、山本周五郎は三十九歳。同年二月に日本軍がガダルカナル島撤退、年末に学童の縁故疎開促進が発表された。また春に次男が誕生。秋には『小説 日本婦道記』が直木賞に推されたが、山本周五郎は辞退している。

『小説の効用・青べか日記』（新潮文庫）所収の「直木三十五賞『辞退のこと』」には、「こんど直木賞に擬せられたそうで甚だ光栄でありますが、自分としてはどうも頂戴する気持になれませんので勝手ながら辞退させて貰いました。この賞の目的はなにも知りませんけれども、もっと新しい人、新しい作品に当てられるのがよいのではないか、そういう気がします」とある。

山本周五郎の日記は、自戒の言葉がちょくちょく出てくる。他人の作品への感想も辛辣である。「事実の深刻さだけでは文学にならぬということを痛感する。（中略）あった事をあったように記述するだけでは小説ではない。多くの問題がここにある」（一九四三年十一月五日の日記の抜粋）ではどうすれば文学になり、小説になるのか。そのことも同じ日の日記の中に綴られている。

短い文章だけど、何日も、いや、何年も考えさせられてしまうようなことがさらっと書いてある。戦中の日記を読んでいるうちに「青べか日記」も読み返したくなった。後に『青べか物語』のもとになったノートで一九二八年八月から翌年九月まで、山本周五郎の二十代半ばの記録である。山本周五郎の本名は清水三十六《さとむ》だが、「青べか日記」の中にも「頑張るべし周五郎」のような自らを鼓舞する文章がいくつか出てくる。

「確《しっか》りやれ三十六、負けるな、負けるな、元気でやれ、元気でやれ、貴様は選ばれた男だぞ忘れるな」（一九二八年十一月八日）

その三日後に綴られた「今日も怠けた。昼に酒を呑んだ」という記述に、心を動かされた。

「遊べ、三十六、急ぐな。いくらでも遊ぶが宜い」（同年十一月二十八日）

この時期の山本周五郎は、いつもお金がなく、本を売って食いつないでいる。

そして山本周五郎ファンにはおなじみのあの言葉が出てくる。

「今日、ストリンドベリイの『青巻』を読み了えた。最後の言葉『苦しみ働け、常に苦しみつつ常に希望を抱け、永久の定住を望むな、此の世は巡礼である』——がひどく予を鞭撻しまた慰めて呉れた。ああストリンドベリイ、吾が友、吾が師、吾が主。予は貴方を礼拝しつつ巡礼を続けよう」（一九二九年一月二十八日）

その後も酒を飲んだり、本を読んだり、原稿を書いて行き詰まったり、職を失ったり、金策に走ったりする。

「今日は何も為《し》なかった。だが明日からは、明日からは」(同年三月八日)

日記の中の山本周五郎はボクシングのセコンドのような視点で無名の文学青年である自分を励ます。清水三十六から山本周五郎になってもそれは変わらない。

「己には仕事より他になにものも無し、
強くなろう、勉強をしよう。
己は独りだ、これを忘れず仕事をしてゆこう」(一九四四年十月十九日)

しかしその翌日は「仕事せず」、翌々日も「やはり元気が出ない、気力が虚脱したようで、なにをする気持にもならない」と記す。

『山本周五郎 戦中日記』はこのあたりから空襲に関する記述が増える。日本の敗勢が漂いはじめても、気丈さを保ち、仕事に専念しようとする。そして自身、妻子、次世代の人びとのために生きのびたいとおもっている。

安らかな眠りと佳き夢を見ること——。山本周五郎の日記はくりかえしその願いを綴っている。しょっちゅうやる気をなくすが、けっして諦めない。

わたしもその不屈の精神を見習いたいとおもう。

明日からは。

永沢光雄の新刊

元『彷書月刊』の編集者で今は廣済堂出版で働いているM川さんが、永沢光雄著『二丁目のフィールド・オブ・ドリームス』（廣済堂出版）を送ってくれた。『野球小僧』に連載していたエッセイをまとめた一冊である。おもしろい。しみる。文章の素晴らしさに打ちのめされる。今、会う人、会う人にすすめている。

永沢光雄は近鉄バファローズのファンである。『すべて世は事もなし』（筑摩書房）に「大阪近鉄バファローズ！」という短篇小説もある。仙台生まれの近鉄ファンだが、球場では神宮球場が好きだった。

わたしは幼稚園のころからヤクルトスワローズファンなのだが、郷里の家が三重県の近鉄沿線ということもあって、パ・リーグはずっと近鉄びいきだった。近鉄が優勝すれば、四日市の近鉄百貨店で優勝セールがあった。他の球団が優勝しても何の特典もない。

近鉄バファローズは十二球団の中で唯一の日本一になったことのない球団だった。日本シリー

『二丁目のフィールド・オブ・ドリームス』

ズでは、江夏の二十一球と読売ジャイアンツが三連敗から四連勝したときの相手チームとして球史にその名を残している。

わたしはヤクルトと近鉄の日本シリーズを観ることが長年の夢だった。もしそれが実現したら、プロ野球から離れようとおもっていた。毎日スポーツ新聞をチェックし、試合がはじまれば、ほかのことが何も手につかなくなり、酒を飲み続ける。こんな生活をしていてはだめだ。ちゃんと仕事をしないといけない。生まれ変わりたい。

ヤクルトと近鉄の日本シリーズは二〇〇一年に実現した。

結論をいうと、プロ野球離れに失敗した。ただし、このころを境に、プロ野球の見方、ひいきのチームにたいするおもいは変わった。勝ち負けへの執着が薄らいだ。それよりもファームでくすぶっている選手、ケガで不本意なシーズンを送っている選手のことを考える時間が増えた。

本棚から永沢光雄著『強くて淋しい男たち』（ちくま文庫）を取り出した。

「三十歳を前にサラリーマンをやめなければ自分は何者にもなれない。何者？　私はもの書きになりたかった」

三十歳を前にして、何者かになりたい。わたしも強くそうおもっていた。この本の単行本が出たときのわたしは二十九歳。大学を中退してから、ずっとフリーライターをしていたが、そのころは対談のまとめ、テープおこしなどで食いつないでいた。翌年、商業誌の仕事を離れて、同人誌に参加した。匿名ではなく、署名の原稿が書きたかった。予選からもう一度という気分だった。

永沢光雄は『ＡＶ女優』（文春文庫）をはじめとする人物ルポで世に知られるようになった。新刊の『二丁目のフィールド・オブ・ドリームス』は、私小説としても読める。長年、私小説に耽溺してきたわたしの目に狂いがなければ、今世紀最高の私小説といってもいい。最初、野球エッセイとおもって気楽に読んでいた。読み進めていくと、自分の中の野球の記憶とそれに附随する何をしていたのかすっかり忘れていた生活の記憶が呼び覚まされる。

永沢光雄の自堕落を蒸留させたかのような文章を読んでいるうちに、三十代半ばでやめた昼酒の感覚までおもいだした。あのときもこんな生活をしていてはだめだとおもったのだ。ついでに休肝日も作った。この生活改善がなければ、今の自分はなかったかもしれない。今の自分が何者か。それは聞かないでほしい。

この本は「なあんだ。」というエッセイからはじまる。

「二十九歳になり会社を辞めた。三十歳を前にして自分を変えたかった。だがいざ辞めると、自分が何をしていいのかわからない。仕方がなく私は、当時一緒に暮らしていた女性の飼い犬を散歩させて小遣いを貰って暮らした。一回の散歩につき五百円」

このエッセイは、いい齢していまだドラフト会議の日に自分の名前が呼ばれるんじゃないかとそわそわしてしまう野球好きのおっさんの話。そんなおかしな妄想をしている人間はそんなにいないとおもいきや、さにあらず……。

二〇〇二年、創刊号から続いていた『野球小僧』の連載が中断する。ガンの手術で「声」をなくした。

一年後の二〇〇三年、連載を再開する。

「僕の野球」は、永沢光雄の野球へのおもいが綴られた最高傑作だとおもう。

「私はスポーツ新聞での活字の野球も大好きだ。この野球は勝敗は全く関係ない。だって、結果は前夜のテレビのスポーツニュース番組でわかっているんだもの」

とくに『夕刊フジ』と『東京スポーツ』の野球記事が好きだった。

このエッセイの中で彼はあることにたいし怒りをぶちまけている。愛読していたスポーツコラムの記者への組織の仕打ちと病床の自分を重ね合わせ、憤りを抑えることができなかったのだ。

後半部にさしかかるにつれ、だんだん読むスピードが遅くなる。

二〇一三年のわたしは『二丁目のフィールド・オブ・ドリームス』の結末――この連載がずっと続くわけではないことを知っている。読み通したいという気持と読み終えたくないという気持がいりまじり、何度となく本を伏せる。途中で飲みに行く。酔っぱらう。寝る。

言葉に酔っているのか、酒に酔っているのか、わからなくなる。たぶん、それがこの本の正しい読み方のような気がしている。

図書館漫画を読む

起きてから寝るまでのあいだ、活字漬けの生活を送っている。

何事にも適量というものがあって、読みすぎると、頭痛やめまい、食欲不振その他の副作用を引き起こす。そして活字が頭に入ってこなくなる。

今もそうだ。それでも読むことがやめられない。気分転換に漫画を読む。

昨年暮れにキンドルを購入し、置き場所を気にせず、巻数を気にせず、漫画が買えるようになった。いちど手放した漫画も買い直し、「おすすめ」の作品のサンプルを片っ端からダウンロードし、未知の作品を次々と読破。電子書籍だけで月百冊ペースだ。ひさしぶりに浴びるように本（漫画）を読めたのは楽しかったが、毎月、自分の予想を上回る出費に戸惑っている。

篠原ウミハル『図書館の主』（芳文社）は、漫画衝動買い期間がなければ、読む機会を逸していたかもしれない。『週刊漫画ＴＩＭＥＳ』に不定期連載の作品で、単行本は六巻（電子書籍は三巻）まで出ているのだが、不勉強ながら、この作者のことを知らなかった。

『図書館の主』

舞台は私設の児童図書館。司書の御子柴は、無愛想で無表情だけど、絵本、児童書に関する知識は無尽蔵である。その図書館を訪れた人たちは、そこで出会った一冊の本によって、今の自分が抱えている問題を解決していく。

一話目、酔っぱらった会社員の宮本が、ふらっと児童図書館に迷い込んでしまう。最初、御子柴は宮本にケンモホロロの応対をするのだが、なんやかんやあって、本の片付けを手伝わせる。そのときある一冊の本を手渡す。

新美南吉の『童話集』である。

その本をつい読みふける宮本。『童話集』の中の「うた時計」のストーリーに合わせて、宮本の半生が語られる。たまたま御子柴に手渡された本が、今の自分の心境と重なり、宮本は驚く。

そのときの御子柴のセリフがすごくいい。

「お前が本を選ぶんじゃない」

「本がお前を選んだんだ」

無数の本の中から何を手にとり、何を読むか。この一冊といえるような本を見つけるのは容易なことではない。でも時として本のほうから自分に向かってきたとおもえるときがある。

『図書館の主』は、人と本との出会い方を描いたマンガといえる。それだけではない。本は人と人もつなぐ。何より本を読む喜びをおもいださせてくれた。ありがたい。おそらく、わたしはこのマンガに選ばれた読者なのだろう。

この漫画を読んで、スティーブンソンの『宝島』を読み返してしまった。今、『ニルスのふしぎな旅』を読んでいる。アニメは見ていたけど、活字で読むのははじめてだ。

『図書館の主』の三巻のアメリカ人の子どもと日本人の子どもの話もよかった。日本語がわからず、癇癪を起こしているクリスと児童図書館の常連の翔太がケンカをする。

そこで御子柴が英語と日本語に翻訳されたアンデルセンのある本をクリスと翔太に渡す。お互いの言葉が通じなくても、一冊の本によって、心を通わせる。

図書館漫画といえば、芳崎せいむの『鞄図書館』（東京創元社）もある。『ミステリーズ！』の連載で、現在二巻まで出ている。芳崎せいむは古漫画専門店を舞台にした『金魚屋古書店』（小学館）は読んでいたのだけど、『鞄図書館』は未読だった。絵うま。細か。町や建物の絵や自然描写を見ているだけでも堪能できる。話もおもしろい。

世界中のありとあらゆる書物が入った喋る「鞄」と司書の男が旅をする話。

「鞄」の中は無限の空間が広がっていて、そこに迷い込んでしまうと命綱なしでは二度と戻れない。「鞄」はなぜかゲーテが好きで、日本のゲーテ記念館に行きたがっている。物語に登場する作品は、ミステリやＳＦが多く、ハメット、ブラッドベリ、ラヴクラフト、大阪圭吉、江戸川乱歩の本などが出てくる。読みたい本がどんどん増える。

二巻でようやく「鞄」と司書は日本を訪れる。連載開始（二〇〇四年八月）から五年以上かかっている。念願のゲーテ記念館にたどりつけるかどうかは読んでのお楽しみ。

「鞄図書館」ほど万能ではないが、電子書籍によって、万巻の書物とともに旅がしたいという人類（一部の）の夢は叶いつつある。といっても、今のところ、わたしはキンドルを家の外に持ちだしたことはないですけどね。完全に引きこもりの友と化している。

今回、図書館漫画を読んでみて、おもいのほか活字欲がわいてくることがわかった。

ほかにも電子書籍化されている図書館漫画には、埜納タオ『夜明けの図書館』（双葉社）がある。初出は『ＪＯＵＲすてきな主婦たち』で単行本は二巻まで出ている。

暁月市立図書館に勤める葵ひなこは三年の就職浪人の末、憧れの司書になる。

八十年前の町の郵便局の写真を探したり、子どもの不思議体験について調べたり、父の短歌の意味を解読したり、図書館の利用者のあやふやな記憶をもとに本を探すレファレンス業務を通して、新米司書が仕事のおもしろさと大変さを学んでいく。

わたしも学生時代、図書館でアルバイトをしていた。薄暗い地下二階の書庫でほとんど誰とも喋らず、ワゴンに乗った本の書名と著者名と出版社名とＩＳＢＮコードをひたすら入力し続ける仕事だった。いまだに入力作業が自分の天職だったのではないかとおもうことがある。

しかしあまりにも地味すぎて漫画にはなりそうにない。

コラム③

紙の本と電子の本

キンドルを買ったのは二〇一二年十二月なのだが、クレジットカードがなくて、すぐには使えなかった。二〇一三年一月にカードを作り、最初の半年くらいは毎月百冊ちかくの本をダウンロードしていた。

二十代のころは絶版漫画のセドリでこづかいを稼いだり、暇さえあれば漫画喫茶に通ったりしていたのだが、ちょうど三十歳くらいから漫画を読まなくなり、巻数の多い漫画はほとんど売ってしまった。

電子書籍を手にいれてから、二〇〇〇年代以降の読んでなかった漫画の空白期をすこしずつ埋めはじめた。石黒正数『それでも町は廻っている』（現在十四巻、少年画報社）も二〇一三年になってやっと読んだ。人と会うたびに『それ町』がおもしろいみたいなことをいいまくって、「今さらですか」といわれ続ける日々だった。

電子書籍のことは「キンドル生活事始」「おすすめ商品との戦い」「図書館漫画を読む」などに書いている。佐藤正午のエッセイを最初に読んだのもキンドルだったか。「なんで今まで読んでなかったんだ大賞」みたいな賞があれば、二〇一二年の渡辺京二と並んで、まちがいなく佐藤正午はノミネートされるとおもう。

後日談を述べると、現在、キンドルは完全に漫画（＋詰将棋パラダイス）専用端末と化し、小説やエッセイは買わなくなった。携帯電話はいまだに持っていない。今のところ、キンドルも家の外に連れ出したことはない。

電子書籍談義になると、よくいわれることだが、紙の本だと、文章のどのあたりに何が書いてあったか、おぼえているのだが、電子書籍にはその感触がない。一冊の本の中のある部分だけを読み返そうとおもったときに困る。同じ作家の本を二、三冊電子書籍で読むと、いろいろ自分の中で混ざってしまって、どの本に何が書いてあったのか識別できなくなる。

紙の本だと、本を読んでいるとき以外も、日々の暮らしの中で背表紙が目に入る。背表紙を見るたびに、本の内容や本から受けた感銘をおもいだす。そのことの大切さは、電子書籍をつかってみて痛感した。

さらにいうと、読書の快楽には、本を探す喜びが、かなりの割合を占めている。書店の棚の前を素通りしかけたとき、なんとなく気になる本が目に入り、立ち止まって、本を手にとってしまう。知らない本に呼ばれる楽しさは、書店に行かないと味わえない。

いっぽう紙では出版することがむずかしい本でも、電子書籍なら採算を気にせずに作ることができるだろう。「おすすめ商品との戦い」でステアカとスパムのことを教えてくれた編集者は、その後、『後藤明生・電子書籍コレクション』を刊行している。わたしも何冊か購入したが、作家の個人全集は電子書籍ありだな、と。ひょっとしたら、電子向きの文章とそうではない文章というものもあるかもしれない。

今後の研究課題にしたい。

2014

『仕事文脈』が問いかけること

仕事がまったくはかどらない。どこから手をつけていいのかわからない。時間ばかりがどんどんすぎてゆく。漫画を読んだり、ユーチューブを見たり、換気扇の掃除をしたりしている場合ではない。できれば酒も飲まないほうがいいだろう。消去法で自分の行動をしぼり込んだ結果、中野のブロードウェイセンターに行くことにした。

自信はないが、たぶん正しい選択だ。

まんだらけで漫画を売って、タコシェに寄る。『仕事文脈』（タバブックス）の3号が平積みになっていた。「今日入ったばかりですよ」とすすめられる。

この雑誌の創刊は二〇一二年十一月。春と秋、年二回発行の雑誌である。

1号（キンドル版あり）は手作り感のある冊子だったのだが、2号からバーコードとＩＳＢＮのシールが貼られ、3号からそのシールが印刷されるようになった。

たった一年でレイアウトやデザインが格段に進歩している。頁数も増えている。

『仕事文脈』

『仕事文脈』のテーマは、もちろん「仕事」である。わたしはこういう雑誌が読みたかった。

創刊号の特集は「ダメ人間VSヤバイ就活生!?」――。

「ダメ人間がフリーランスになって1日で1ケ月分稼ぐ方法」（石嶋未来）、「近藤佑子がメチャクチャにヤバイ就活生になって学んだ就活術」、「無職の父と、田舎の未来について。第一回　田舎だからできることと、その可能性について」（佐野和哉）という記事が柱である。

「無職の父と、田舎の未来について。」の佐野和哉は一九九一年生まれの学生（現在は社会人）で、同じタイトルのブログをやっている。

北海道の田舎にいる父親は現在無職（五十歳ちかく）。港で頭をぶつけ海に落ち、脳に軽い損傷を負う。もともとあまり喋らなかった父は事故後、さらにおもいどおりに話せなくなり、仕事をやめてしまう。父のもとに届いた数十枚の求人表を見ると、フルタイムで働いても給料は「13万円くらい」の仕事ばかり。ちなみに、父の失業保険は「月15万円」。

そんな佐野さんは「いま考えていること、多くの人に聞きたいこと」として、三つの質問を投げかける。

《1．向上心があまりなく、身体が丈夫でなく、コミュニケーションが取りにくい人間に、できる仕事はあるか。

2．そういった仕事を、人口100万以上の都市まで車で4時間かかるような、田舎に作ることはできるか。

3．そういった仕事に限らず、都会から田舎に仕事を流すことはできるか》

このブログは大きな反響を呼んだ。

『仕事文脈』は、作り手自身が悩みや迷いの渦中にいる（ようにおもえる）。ある意味、未知数で未完成な雑誌で、いい意味で行き当たりばったりに作っているかんじがする。

2号の「特集　地方と仕事」は、「無職の父と、田舎の未来について。」をきっかけに開催されたオープントークの模様が掲載されている。

テーマは「自分の故郷に住むということ、自分で働いたお金で生きるということ、そういうことを『答えが見つからないから』『みんなそうだから』という理由であきらめていいのか」。

この座談会を読んでいて、橋本治著『貧乏は正しい！　ぼくらの東京物語』（小学館文庫）の「トカイ」と「イナカ」の話をおもいだした。二十年前の本だが、実情はほとんど変わっていない。むしろもっと深刻になっている。

「いい加減、イナカの人間たちは、『なぜ若者はトカイへ出て行くか？』なんていう考え方をやめた方がいい。問題は、イナカから出て行った若者たちが、イナカに『帰って来れない』ところにあるのだから」（「『イナカ』とはなんなのか？」）

都会の暮らしも楽ではない。かといって、田舎に帰っても仕事がない（だろうと諦めている）。

地方のことにしても、仕事のことにしても、大きすぎてひとりでは背負いきれない問題もあれば、微妙すぎてどう取り組んでいいのかわからない問題もある。

いずれにせよ、仕事の話の厄介なところは、個人の資質や能力の問題に置き換えられがちなことだ。本人が有能だったり、気力や体力に恵まれてたり、運がよかったりすれば、仕事に関する悩みはほとんど解決してしまう。あるいは「自業自得でしょ」の一言で斬り捨てられてしまう。

だからこそ、ある種の〝文脈〟が必要なのかもしれない。

最新号の「特集　女と仕事」では、冒頭の「ふつうに仕事をしていくのが難しすぎる」という一文にはっとさせられた。

就職するのもたいへんで、就職してからもたいへんで、転職するのもたいへんで、フリーランスになるのもたいへんで、ワークライフバランスもたいへんで、安定したら安定したでその暮らしを維持するのもたいへんだ。

ふつうの人がふつうに働いてふつうに生きていくのがどうしてこんなにたいへんになってしまうのか。おそらく「こうすればうまくいく」というような万人向けの方法はない。

最近、同業者と会うと、副業と田舎暮らしの話によくなる。

みんなどうやって食っているんだろう。というか、今、どのくらいの生活レベルがふつうなのだろう。わたしの感覚では、ひとりの稼ぎで家族を養うというのはふつうじゃない気がしている。

〝最終講義本〟はこれを読め！

ここ数年、名門大学の「○○教授の授業」といった本がやたらと刊行されている。マイケル・サンデルの白熱教室が大ヒットした影響もあるかもしれない。猫も杓子も柳の下のドジョウ狙い。とはいえ、サンデル教授の本が出る前からこの手の本は根強い人気があった。

中でも〝最終講義本〟はおすすめだ。

ベストセラーになったカーネギーメロン大学教授のランディ・パウシュ＋ジェフリー・ザスロー著『最後の授業　ぼくの命があるうちに』（矢羽野薫訳、ソフトバンク文庫、二〇一三年刊、単行本は二〇〇八年刊）は、予想以上、というか、予想外のおもしろさだった。

バーチャルリアリティの研究の第一人者だったランディ・パウシュは余命半年と宣告される。四十六歳のときだ。パウシュには三人の子どもがいる。

このパウシュ教授の講義はテレビ番組にもなり、インターネットにも配信された。

「僕はその日、学術的な講義をするふりをしながら、自分という人間を空き瓶に詰めこみ、海辺

『最後の授業　ぼくの命があるうちに』

に流れ着いたその瓶を子供たちが拾う日のことを考えていた。僕が画家だったら、子供たちのために絵を描くだろう。ミュージシャンだったら曲をつくる。でも僕は教師だ。だから講義をした」

いろいろ悩んだ末、講義のタイトルを「子供のころからの夢を本当に実現するために」に決める。幼いころ、『スター・トレック』のジェームズ・T・カーク船長に憧れていた。カーク船長のリーダーシップを見習うことで、よい教師、よい仕事仲間、よい夫になれると信じていた。パウシュのカーク船長になる夢はすこし形を変えて実現する。カーク船長役の俳優ウィリアム・シャトナーが、パウシュの研究室を見学するために訪れたのである（その理由は本書を参照）。

わたしは『最後の授業』の次の言葉は生涯忘れないだろう。

「昔から、教養のある学問仲間には、『スター・トレック』に夢中の僕を軽蔑する人もいる。でも、『スター・トレック』が僕の役に立たなかったことは一度もない」

オタク史に残る名言ですよ、これは。パウシュは筋金入りの〝トレッキー〟（スター・トレック・マニア）なのだ。

夢は実現しなくても、人生のプラスになる——パウシュは教師としてそう信じ、学生に語り続けた。彼はローマの哲学者セネカの「幸運は、準備と機会がめぐりあったときに起こる」という言葉が好きだった。「少なくともあと二〇〇〇年は語り継ぐ価値がある」というくらいに。

なお、パウシュは二〇〇八年七月に亡くなっている。共著者でウォールストリート・ジャーナルのコラムニストのジェフリー・ザスローも二〇一二年二月に交通事故で命を落としていたことをウィキペディアで知った。

〝最終講義本〟といえば、デイジー・ウェイドマン著『ハーバードからの贈り物』（幾島幸子訳、ダイヤモンド社、二〇一三年刊。電子版あり）も避けては通れない。

この本は、ハーバード・ビジネス・スクールの卒業生に向けた十五人の教授の講義なのだが、専門分野の研究の話ではなく、自分の半生を語った良質なエッセイのアンソロジーとして読める。ちなみに、わたしはランダムハウス講談社版（二〇〇四年刊）で読んだ。世界各国で広く読まれているロングセラーである。

『ハーバードからの贈り物』は、わたしにビジネス書の中にも、素晴らしい文学やエッセイがあることを教えてくれた。たとえば、歴史学者で経営史のプログラムに携わるリチャード・S・テッドロウの「自分らしくあれ」はこんな話だ。

駆け出しの教員時代、テッドロウは自分の教え方のスタイルを模索していた。教師として、いかにして「自分」を出していけばいいのか。しかしプライベートを売り物にしたくはない。

ある日の昼食、『タイム』の「偉大な教師」のカバーストーリーに取り上げられたアンソニー・エイソス教授が隣に座り、悩めるテッドロウにこういった。

「いや、自分である必要はないんだ。大事なのは自分らしくあることだよ」「自分」と「自分らしく」はどうちがうのか。この場合の「自分らしく」は「職業人としての自分」ということ。私生活と仕事を区別し、アイデンティティのバランスをとる。「仕事用のペルソナを持っていれば、キャリアを築く過程で周りから浴びせられる批判や攻撃に持ちこたえることができるし、内なる自分が傷つくことを最小限にして生きのびることができる」

ほかにも製造科学の専門家でベテラン登山家だったジャイ・ジャイクマーの「転落から高みへ」、リーダーシップに関するプログラムの開設に携わったH・ケント・ボウエンの「サラの物語」、大学時代はバスケットボールの選手として活躍し、その後、数学者になったフランシス・X・フライの「今という瞬間を生きよ」も読みごたえがあった。

窮地に陥ったときは肩の力を抜け。親や世話になった人たちの恩を忘れるな。過ぎ去った時間は取り戻せないから一瞬一瞬を大事にしろ。

笑いあり涙あり知恵熱あり……。

教授たちはとっておきの経験や教訓、凝縮された人生観を語り、人はどうあるべきか、どの道に進むべきかを問いかける。

当分、わたしは〝最終講義本〟の読者を卒業できそうにない。

海外コラム＆コント入門

一九八〇年代半ばから九〇年代前半にかけて、アメリカのコラムニストの著作の翻訳がたくさん刊行されていた。わたしが海外コラムに興味を持つようになったのは図書館のリサイクル本でアンディ・ルーニーのコラム集（晶文社）を読んだのがきっかけである。

十年ちょっと前の話だ。

アンディ・ルーニー以降は河出文庫のボブ・グリーンやマイク・ロイコのコラム集、井上一馬編訳『コラムニスト万歳！』（文藝春秋）、東京書籍の『アメリカ・コラムニスト全集』（全十九巻）などを読み漁った。読んだ本を手がかりに次の本を探す。不案内なジャンルゆえ、訳者の解説に助けられることも多かった。

『コラムニスト万歳！』の井上一馬の「訳者あとがき」は、アメリカのコラムの歴史（新聞の歴史と重なる）をふりかえりながら、近年のコラムニストをこんなふうに紹介している。

「特定の分野にこだわらず、政治問題から時の社会問題から個人的な問題まで、さまざまな事柄

『コラムニスト万歳！』

をテーマにしてコラムを書く（ウィットを備えた）オールラウンドなコラムニストも現れるようになった」

そしてオールラウンドなコラムニストの例として、マイク・ロイコ、ピート・ハミル、ジミー・ブレズリン、ボブ・グリーン、ロジャー・サイモンの名前をあげている。

コラムは時代の空気だけでなく、作家の人生観、性格も反映される。

その系譜のオールラウンドなコラムニストの作品といえば、ビル・ブライソン著『ドーナッツをくれる郵便局と消えゆくダイナー』（高橋佳奈子訳、朝日文庫）もそうだろう。

ビル・ブライソンはアメリカ人だが英国に長く滞在し、英米両国のカルチャーギャップをユーモアまじりに書く。刊行は二〇〇二年一月――コラム集らしいコラム集の翻訳本はこの本が出て以来、ほとんど見なくなった。コラムは古本屋でもいわゆる「雑本」扱いだから探しにくい。

オールラウンド系のコラムを読んでいると、観察や分析の鋭さもさることながら、文章から人柄がにじみ出ている。

その読後感は私小説や第三の新人、開高健や山口瞳のエッセイにも通じるとおもう。

一九九〇年代はそうした私小説や身辺雑記が否定されがちだった。かけだしのライター時代、わたしは「自分の身の回りのことは書くな」とよく怒られた。ようするに「安易だ」と。「吉行淳之介や山口瞳はどうなのか」といいかえしたら「大家は何を書いてもいいんだ」と一蹴された。

中には「私小説や身辺雑記が日本の文学をダメにした」みたいなことをいう人もいた。海外の文学やコラムにも、日本の私小説や身辺雑記っぽいものがいくらでもある。それに日々の出来事を綴っているようなそぶりでしれっと荒唐無稽なウソを書くという手法もある。

その奥深さを知りたければ、浅倉久志編訳『ユーモア・スケッチ傑作展』（全三巻、早川書房）をおすすめしたい。巻末の浅倉久志の「ごあいさつ」では、「アメリカでさかんに書かれているこの種の小説とも随筆ともつかぬ短文」と「ユーモア・スケッチ」を説明している。小説とも随筆ともつかぬ短文——それこそが、わたしの読みたい文章なのだ。

また「ごあいさつ」の中で紹介されているバートン・バーンスタイン（ニューヨーカー誌の編集者）によるユーモア・スケッチの分類も参考になった。

《伝統的エッセイ（ある問題に対する見解を、ユーモアを混じえて書いたもの）

一人称による回想

パロディ

ナンセンス

ファンタジー

キャラクター（おもに架空の奇人の言動を描いた小品）

言葉遊び

以上の組合わせ》

コラムに絞ると翻訳された作品は限られているが、ジャンルの垣根を取り払い、「小説とも随筆ともつかぬ短文」を読もうとおもえば、無数といっていいほどおもしろい作品がある。

各務三郎編『世界ショートショート傑作選』（全三巻、講談社文庫）も、ユーモア・スケッチといえるような掌編がいくつか収録されている。

「本書では、クライム&ミステリー、怪奇&幻想（SFを含む）、コントと分類しているが、コントに分類された作品をごらんになれば、ショートショートの幅広さをわかっていただけるだろう。そこにはオチらしいオチはない。だが、閃光の人生をみることができる」（『世界ショートショート傑作選1』各務三郎の解説）

一年くらい前にキンドルを買った理由のひとつに、このままでは海外のコラムやコントが読めなくなってしまうのではないかという心配があった。

読みたかったら洋書を読むしかない。ところが、コラムの洋書（古本）は高いし、届くのに半月や一ヶ月くらいかかる。その点、電子書籍ならすぐ読める。わからない単語を指で押すと英和辞書の訳語が表示される。辞書にない単語はウィキペディアに飛ぶ機能もある。

さっき、E・B・ホワイトの『Writings from The New Yorker 1927–1976』のキンドル版が二月十八日に発売されることが知らされ、予約注文したところだ。

小沼丹の読み方

小沼丹。いい名前だなとおもう。オヌマタン。音もいい。本名は小沼救《はじめ》で筆名の「丹」は親戚の寄生虫学者・小泉丹からとった。

最近、小沼丹著『珈琲挽き』（講談社文芸文庫）が刊行されたので久しぶりに読み返してみた。みすず書房から『珈琲挽き』が刊行されたのは一九九四年一月。その半年後の七月に講談社文芸文庫から『小さな手袋』というエッセイ集が出ている。

小沼丹の文章を読んだのは『小さな手袋』がはじめてだ。

ビイル、ウヰスキイ、バア、カウンタア、テエブル、コオト、ビイフシチユウ、ラアメン、プウル、プラット・フオオムなど、小沼丹の文章でつかわれるカタカナ語には音引きがない。

小沼丹もそうだし、小林秀雄も音引きをつかっていなかった気がする。

雑誌や新聞の統一表記はまだゆるかったのか。それとも断固とした姿勢で貫いていたのか。そのあたりのことをちょっと知りたい。

『珈琲挽き』

『珈琲挽き』は、一九七〇年代から八〇年代末にかけての随筆が収められている。あいかわらず、小沼丹は「ビイル」や「ソウダ」と書いている。不思議と懐かしい味がする。

それから悉皆、到頭、真逆といった言葉も小沼丹の随筆にはよく出てくる。

今の人は、文中に真逆とあったら「まぎゃく」と読む人がけっこういるのではないか。

それにしても、小沼丹の文章の心地よさは、どこから来ているのか。

小沼丹は説明しすぎない。おもいだせないことやわからないことをそのまま放置する。

あと井伏さん、吉岡さん、山川さんといったかんじで名字だけしか書いていないことも多い。

井伏さんなら、井伏鱒二以外にいないとおもうが、はじめて読んだときは「吉岡さんって誰？」と困惑した。年譜を見れば、昔、いっしょに同人誌を作っていた吉岡達夫だとわかるが、こちらの知識によって、すんなり読めたり読めなかったりする文章なのだ。

あと山川さんは「蕗の薹」という随筆に出てくる近所の人。実在した人物なのかどうかすらわからない。

今はそういう文章が書きにくい。おそらく不親切な文章だといわれるだろう。

ちょっと調べればわかることすら説明しなければいけない。本を読んでいるとき、わからないことを調べるおもしろさだってあるといいたいところだが、残念ながら、そういう意見は通りにくい。

たとえば、本の題名がおもいだせず、「記憶があやふやなのだけど……」みたいなことを書くと、名もなき読者から「ググレカス」をやんわりといいかえたようなメールが届く。

すこし前に、飲み屋でそんな話をしていたら、「文章がへたくそなやつに限って雰囲気がどうとか余韻がどうとかっていうんだよね」といわれたことをおもいだした。

『珈琲挽き』の話に戻ると、学生時代の回想がいい。

高校時代の英語の松本先生が、田舎でずっと雨が降らなくて、やきもきしていたら、やっと降って喜んだといったかんじの英文を読み、「こう云う文章の味が判るようになると、エッセイも面白くなる」と語っていたエピソードを紹介する。

ところが、小沼丹は雨の文章の作者も作品名もおもいだせない。そのかわり細かい描写が随所にある。記憶の濃淡がそのまま文章になっている。

授業で使っていたテキストが何だったかは忘れても、たまたま乗り合わせたバスの中で松本先生が赤ん坊を笑わせようとしていた光景は鮮やかに活写する。

この短い随筆を読み終えたとき、松本先生の人柄のよさが際立って印象に残る。

ちょっと説明しすぎた。「こう云う文章の味が判るようになると、エッセイも面白くなる」という言葉は、そのまま小沼丹の作品にも当てはまる。

他にもいろいろな話を回想したあと、「想い出したから書いたが、何故こんなつまらんことを憶えているのか判らない」と結んでいるエッセイがある。

人間の脳というのは、不思議だ。何を忘れて、何をおぼえているか。どうしてそういうことが起こるのか。そんなことを考えているうちに、こうした記憶の濃淡は、我が身にもしょっちゅう起こることに気づいた。

酔っぱらったときにそうなりやすい。固有名詞が出てこなくて、どうでもいいことばかりおもいだす。

断言しよう。小沼丹は、酒飲みである。証拠もある。

『珈琲挽き』の中に「狆の二日酔い」というエッセイがある。

「大体、二日酔いになろうと思って酒を飲む莫迦はいない。ところが飲み出すとその辺のけじめが怪しくなって、結果としては莫迦になっているのだから面目ない」

小沼丹の随筆を読んでいると、ほろ酔い気分になる。だから、なんとなく心地よいのかもしれない。

探しものをしていて、いつの間にか別のことに気をとられ、何を探していたのかわからなくなる。そのかんじにも近い。

緻密に計算された文章のようでもあり、そうではないようでもある。その判断は、読者におまかせする。

『中級作家入門』はハンパない

松久淳の『中級作家入門』（ＫＡＤＯＫＡＷＡ）を書店で見た。素通りできない。カバーがなかったころの昔の「○○新書」のような装丁に一目ぼれ。買うしかない。

「第１章　お金は稼ぎたい」「第２章　名誉は欲しい」「第３章　地位は上げたい」「第４章　仕事は続けたい」と章のタイトルからして、誠実かどうかはさておき、正直さが伝わってくる。

この本は「中級作家」について、「現役作家ランキングで１００位から２００位の間くらい」の作家と定義している。大家というほど威厳や貫録はないが、かといって、無名の作家といったら謙遜しすぎ——そういう意味でも、松久淳は抜群の「中級感」を備えた作家だろう。田中渉との共作『天国の本屋』シリーズなど、大ヒット作もあるのだが、本人が「上級感」を台無しに……いや、極めてストイックに、自分を律し、「中級」に留まり続けようとしているふうに見える。

わたしの本棚には、松久淳が企画編集に関わった「裏方仕事本」のとり・みき＆吹替愛好会著『吹替映画大事典』（三一書房、一九九五年刊）、みうらじゅん＋田口トモロヲ著『ブロンソンな

『中級作家入門』

らこう言うね』（ごま書房新社、一九九五年刊、後にちくま文庫）、みうらじゅん＋伊集院光著『D.T.』（メディアファクトリー、二〇〇二年刊、後に角川文庫）がある。はっきりいって「最上級」の仕事だ。しかもしめきりを絶対に守る人らしい。もしかしたら、自分で「中級」と名のるのはいが、赤の他人には「中級」呼ばわりされたくないという面倒くさい人かもしれない。

『中級作家入門』は、印税、原稿料、連載打ち切り、インターネットでの評判、自作の映画化、デビューの仕方、絶版の話、編集者との付き合い方など、作家生活の内幕を綴った本だ。

小説のイメージとはずいぶんちがう。そこはかとない腹黒さ、軽やかな底意地のわるさを随所に放ちながらも、自分を棚に上げず、清々しく自爆するその作風は一読の価値あり。出版関係者が読めば、声にならない悲鳴を上げそうになるフレーズもあちこちに仕掛けられている。

本を一冊書くと「本の定価×発行部数×印税10％－税金」が収入になる。

その点に関しては、「上級作家」も「中級作家」も変わらない。

問題は発行部数だ。たとえば、一年かけて一冊の小説を書いたとする。

定価は千五百円、部数は五千部――。

さて、その報酬は？

「食えないんだよ。

だからみんな、会社勤めを辞めなかったり、講師とかのバイトをしなくちゃいけないんだよ」

（第1回　印税は払われる）

また作家の手ぬきエッセイを冷徹かつ的確に評した「第3回　エッセイはつまらない」も怖い。エッセイは「力を抜いて書くものだと誤解してる人」が多く、「普通の人とは違う視線を持ってるよアピール」や「自分のライフスタイルを小洒落仕様で肯定してる感じ」で書かれたもののダメさかげんをバッサリ。

最悪なのは、しめきりの迫った小説を優先し、連載エッセイの手を抜くこと。

「身も蓋もないけど本当に大事なことを教えると、その大詰めの小説よりもその雑誌のほうが、きっと読む人が多いんだよね」

では、松久淳のエッセイはどうか。

どれか一作といわれたら『ヤング晩年』（小学館、二〇〇三年刊）をおすすめしたい。「10年に一度、永倉万治さんを全部読み返す」は好きな文章だ。

この本、すでに『中級作家入門』の核というか、根本思想のようなものが綴られている。

「自分は本当に中途半端な人間だと思う。

かっこいいモテモテにはほど遠く、女子には無縁の一生童貞かといえばそんなこともない。金に糸目をつけず豪遊できる身分でもないどころか持ち家もクルマもないけど、とりあえずの飲み代は気にしないですむ。ヒット曲やテレビドラマで満足するほどぬるくはないけど、マニアかといえば上には上がうじゃうじゃいる」

そして「もう正々堂々この『中途半端さ』で勝負してやろうと思ったのだ」と宣言する。このエッセイの題は「ハンパしちゃってごめん」だ。

自称「中途半端」な「中級作家」の松久淳は、現在四十五歳という「中年」のまっただ中にいる。『中級作家入門』の「第4章　仕事は続けたい」は、「中年」を迎えた作家生活の哀切を吐露していて、涙と笑い（ときどき苦笑）なしには読めない。

「まあ要は、40代の通常のコンディションというのが、20代の風邪のときとほぼイコール、ということなんだと思うよ。根拠はないけど」（第22回　体力はなくなる）

もちろん気力もなくなる。心はいつでもオーバーヒート状態だと、さすがに身が持たない。でも、大丈夫。寄る年波の衰え対策もバッチリである。

先生いわく「若いうちは出し惜しみをするな。しかし厄年が近づいたら、余力は残しておけ」（第23回　スランプはつらい）。

そのコツもちゃんと記されている。

とはいえ、この本（連載）、余力を残しているのだろうか。身を削り、墓穴を掘りまくる多彩な自嘲&自虐ネタのラッシュに、読んでいるだけでも燃え尽きそうになった。『中級作家入門発動篇』（仮）の刊行を心待ちにしている身としては、それだけは心配だ。

フライの雑誌社の本を読む

『フライの雑誌』はフライフィッシングの専門誌。フライフィッシングは、毛鉤をつかった釣りのこと。かなりマニア向けの雑誌だが、現在101号まで出ている。

昨年、フライの雑誌社から堀内正徳著『葛西善蔵と釣りがしたい　こんがらがったセカイで生きるための62の脇道』という随筆集が出た。堀内さんは、同誌の編集発行人だ。自ら発行している雑誌のことを「ヘンタイ釣り雑誌」と呼んでいる。

わたしは同社の存在を真柄慎一著『朝日のあたる川　赤貧にっぽん釣りの旅二万三千キロ』という本で知った。「名前だけでもおぼえて……」という漫才師の前口上ではないけど、ぜひとも真柄慎一の名前をおぼえてほしい。

たぶん「天然の文才」の持ち主である。

山形の高校を卒業し、ミュージシャンを目指して上京するも、挫折——。

「熱くなるものが無くなった僕は、ふと釣りがやってみたくなった」

『葛西善蔵と釣りがしたい　こんがらがったセカイで生きるための62の脇道』

趣味や道楽は人を救う。

釣りのために働く日々。すべてを釣りに捧げる人生。彼の旅は、低予算だけど、人生の奥深さを垣間見せてくれるロードムービーのようだ。

この本が刊行されたのは二〇一〇年八月。

わたしは四十歳になっていた。どうにかこうにか食うや食わずの生活を抜け出し、すこし落ち着いた。同時に原因不明の低迷感をおぼえるようになった。

そのころ『朝日のあたる川』を読んで、気持を立て直すことができた。いざとなったら「趣味のために生きるのもありだ」と……。

『フライの雑誌』の１００号に掲載された真柄慎一の「幼なじみ」も何度も読み返している。保育園のころからの友人二人と自分の話で、その後、友人は大学に進学したり、家業を継いだりするのだが、「僕」だけが東京でふらふらしている。

ミュージシャンになる夢を諦め、失意の日々を送っていたときにフライフィッシングと出あう。

「久しぶりに夢中になれるものを見つけ、だらだらとした生活が少しずつ変わっていった。アルバイトも頑張るようになり、お金を貯めてロッドとリール、ウェダーと揃えていった」

もちろん「釣り」で食っていけるわけではない。でも「釣り」のために生きることはできる。夢中になれるものが、何かひとつあれば、それが生きる希望になる。

堀内さんの『葛西善蔵と釣りがしたい』の中にも彼の話が出てくる。

「真柄さんのきわめて稀なナイーブで裏表のない資質は、持って生まれた才能というべきキラメキである。だから彼の文章を読むとこちらのココロの闇まで晴れる」

居酒屋で打ち合わせ中、大幅に遅刻した彼は「レモンサワーください」と「あざーす」しか言葉を発しなかったらしい。しかしそこにいるだけで場が和む。その様子が伝わってくる。

堀内さんは真柄慎一の（やや難はあるが）天真爛漫な才能を全肯定している。理想の著者と編集者の関係だろう。

堀内さんはもともとアルバイトで『フライの雑誌』の編集をはじめた。かれこれ二十五年前の話である。堀内さんとわたしはほぼ同世代で、同じころ、JR中央線の高円寺で暮らしていた。どこかですれちがったことがあるのかもしれないが、さすがに葛西善蔵が好きな釣り雑誌の編集者が近所に住んでいるとは想像もできなかった。

堀内さんはフライフィッシャーの目で世界を見る。その世界の見え方がおもしろい。自然、そして魚にたいして、尊敬の念のようなものがある。

「川は強い。魚はえらい。人間はばかだ」

「自分は臆病で利己主義でへそまがりで、根っこは釣り人だ」

「釣りなんて道楽は多かれ少なかれ、我が身、もしくは我が人生との削り合いである」

わたしはフライフィッシングの世界には不案内で、フライやロッドの細かなちがいについてもよくわからない。それなのに不思議と読まされてしまう。

自分はフライフィッシャーくらい一途に何かに打ち込んでいるだろうか。我が身を削っているだろうか。自分の目で世界を見ることができているだろうか。

わたしは葛西善蔵の「湖畔手記」を読んでいたのだが、温泉旅館で酒飲んで、寝てばかりいる小説という印象しかなかった。もちろん、そういう小説は嫌いではない。

堀内さんの目は、この小説の中に「鱒釣り」という言葉が出てくることを見逃さない。『葛西善蔵と釣りがしたい』を読んだあと、「湖畔手記」を読み返してみたら、いっしょに湖水に乗り出した船頭のことを「一度鱒釣りに出かけて、知ってる仲だった」と書いてあった。

堀内さんの本を読まなかったら、一生気づかなかったとおもう。

葛西善蔵は「眠いような」という随筆で「人に誇るような何物も出来なくても、どうかして愉快で幸福でありたいものだ」と綴っている。

堀内さんは葛西善蔵のような人にこそ、フライフィッシングの魅力を伝えたいとおもっているような気がする。

釣りは人を愉快で幸福にする。本気でそう信じている。

釣りをしない人にも読んでほしい。

サッカー批評の日本代表

四年に一度のサッカーのワールドカップが開催されるということで、新刊書店には、サッカー関連の本がたくさん並んでいる。

友人の子どもがサッカーをやっていて「将来、Jリーガーになりたいの？」と聞いたら、「ドイツのチームに入りたい」といわれて、時代が変わったなあとおもった。

日本代表がワールドカップの本大会に出るのは当たり前、日本人選手がヨーロッパの強豪クラブでプレーすることも珍しいことではなくなった。二十年ちょっと前には考えられなかったことだ。その変化はサッカー批評の世界にもあらわれている。

近刊の熊崎敬著『日本サッカーはなぜシュートを撃たないのか？』（文春文庫）を読んで、そのおもいを強くした。

「サッカーはゴールを決めるか決められないかの戦いだ。だが、この国のサッカー界にはゴール以外に価値を見出す言説があふれている。パスサッカー、ボールポゼッション、システム論……。

『日本サッカーはなぜシュートを撃たないのか？』

そして現実のゲームでも、サッカーの本質からかけ離れたプレーをするチームが少なくない」

熊崎敬はヨーロッパ、南米、アフリカ、中東と世界中のサッカーを取材しているうちに、日本のサッカーおよびサッカー文化に違和感をおぼえるようになる。

日本人は戦術論を好むが、海外ではかならずしも戦術という視点でサッカーを見ているわけではない。イタリアは戦術談義が好きな国だが、イタリア人は戦術なしでも勝てるのであれば、それでいいと考えている。

「サッカーの目的はゴールを奪うこと。この目的を単独で達成してしまうタレントがいれば、チームメイトはもうひとつの目的であるゴールを奪われないことに専念できる」

アフリカ取材中には、さまざまな現地の洗礼を浴びた。賄賂や盗難が多発し、毎日が戦いだった。何をするにも罠が仕掛けられていて、駆け引きをしないといけない。

「コンビニ社会はサッカーを弱くする」という論考では、快適な生活に慣れると、不測の事態にたいする想像力が欠け、「不確定要素に満ちたサッカーの精神から離れていくのかもしれない」という。この指摘は、快適とはいえない南米のスラム街から、多くのスーパースターが生まれた事実を考えても説得力がある。

「ちなみにヨーロッパでセブン－イレブンが進出しているのは、スウェーデン、ノルウェー、デンマークのみだが、いずれも２０１４年ワールドカップブラジル大会では、欧州予選で敗退している」

さすがにこれはたまたまだとおもう。ブラジルにもコンビニあるし。でも大胆な仮説をどんどん立てることは、書き手にとってシュートと同じである。ハズすことをおそれてはいけない。

ほぼ同じころに刊行された吉崎エイジーニョ著『メッシと滅私「個」か「組織」か？』（集英社新書）も日本のサッカーの問題点を論じた本である。

メッシと滅私。そんなダジャレから、サッカーにおける「個」と「組織」という日本サッカーの懸案事項に斬り込んでいく〝サッカーを通した比較文化論〟だ。

ドイツのサッカー、また日本選手の〝海外組〟を取材してきた著者は、「自己主張」や「自己責任」にたいする日本と欧州のサッカー観のちがいを分析する。

自分の個人の能力を発揮することを優先するか。それとも自分を犠牲にしてチームのために戦うか。前者が正しく後者がまちがっている、あるいはその逆という話ではない。

「サッカーというゲームの目的は何？

九〇分が終わった時点で、相手よりも一点でも多く取っていること」

さらに日本の「フォーメーション論」や「戦術論」が、組織、チームプレーを前提にしていることにたいし、ヨーロッパでは「分かりあえない個人同士（よく言えば各自に尊厳がある。悪く言えばわがまま）がピッチ上で合理的に動くことを説明するためのツール」だという。

サッカーにかぎらず、スポーツはその国の文化や宗教、歴史と深い関わりがある。奇しくも、熊崎敬も、吉崎エイジーニョも、システム、フォーメーションを重視しがちな日本の「サッカー論」に疑問を投げかけている。

だとすれば、これからの日本のサッカーはどのような道に進めばいいのか。

熊崎敬は「自分たちのサッカー」という言葉を信用していない。サッカーには敵がいる。自分のおもいどおりにはいかない。自分たちのプレイスタイルを遂行することに固執すれば、敵が見えなくなる。

また吉崎エイジーニョは、オシムが掲げていた「日本化」というビジョンを見失っていると苦言を呈す。さらにオシムの〝途中下車〟は日本のサッカー界にとって「史上最大の痛恨事」だったとも……。

『日本サッカーはなぜシュートを撃たないのか？』では、J2の松本山雅の話やジダンの故郷を訪ねた話、『メッシと滅私』では、自らドイツの一〇部リーグ（「町内対抗サッカーリーグ」のような舞台らしい）でプレイした経験談なども読ませる。

サッカー批評は、その国のサッカーのレベルに比例する。そう考えると、日本のサッカーは、まちがいなく強くなっているはずだ。

あくまでも仮説だけど……。

本から入る星野源

読書というのは不思議なもので、考えたり悩んだりしているときに、新刊書店や古本屋に行くと、そんなつもりで買ったわけではない本の中に、その答えが見つかることがよくある。

二〇一二年の暮れ、わたしはあることで悩んでいた。

クレジットカードを作るかどうか。それまでカードを持ってなかった。正直にいうと、二度作ろうとしたが、いずれも審査が通らなかった。

定職に就いたことはないが、過去二度の挑戦は、電気や電話を止められる生活苦という状況から抜け出していた時期だったので、「これでダメだったら、ほとんどの同業者は無理やろ」ともわざるをえなかった（学生時代に作るのが正解らしいですよ）。

三度目の挑戦は、電子書籍の端末（キンドル）を購入したことがきっかけだ。

支払いはカードのみで、カードがないと無料本すらダウンロードできない。「なんだ、この使えねえ薄っぺらくて黒い板は」と悪態をついてもしかたがない。

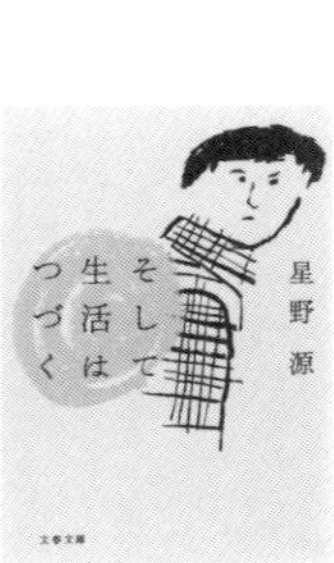

『そして生活はつづく』

それで二〇一三年一月にクレジットカード（限度額十万円）を申し込もうとおもったのだが、なかなか行動に移せずにいた。

そのころ星野源著『そして生活はつづく』（文春文庫）を読んだ。単行本は二〇〇九年にマガジンハウスから刊行されていたのだが、不覚にも気づかなかった。それどころか、文庫本のプロフィールを見るまで星野源のことを知らなかった。

最初のエッセイ「料金支払いはつづく」で、星野源はクレジットカードを持っていないどころか、銀行の自動引き落としすら利用しないライフスタイルを綴っている。

「ちなみに私はクレジットカードを持っていない。やはり、どんな高い物でもカードでは『金を払った感じ』がしないし、逆に現金で払わないと、その『高価な物を買う重要性』を体で味わえない」

この話のオチは「文庫版あとがき」につづく。きたろうとの特別対談の収録もそうだが、「文庫版あとがき」があるかないかで、読後感はずいぶんちがってくる。すくなくともわたしはこの本を読まなかったら、あと半年くらい、カードを作るかどうか、悩んでいたかもしれない。

『そして生活はつづく』は、疲れているとき、寝ころんで読むには最上級のエッセイ集だ。年間二百日くらい、やる気も何も出ず、ぐったりしている身としてはありがたい。

星野源の音楽も無気力なときに聴いて心地よかった。もっとも星野源のエッセイや音楽がやる気がないというわけではないので、誤解しないように。

星野源はすぐおなかが痛くなる。子供のときのあだ名が「おじいさん」。若いころから老成し、流行ものに興味がない。なんとなく、ひとりっ子かなとおもいながら読んでいたら、やっぱりそうだった。生活能力に欠損があるいっぽう、ワーカホリックといってもいいくらいの仕事好きでもある。音楽作品にかんしてはかなり作り込むタイプだろう。エッセイも余芸感がまったくない。仕事が終わって自宅に帰ってからの日常、子どものころの回想、家族のこと——芸能の世界と関係ない話も味わい深い。

『働く男』（マガジンハウス）は、エッセイ、映画評、音楽評、自作曲の解説、ショートストーリー、周辺スタッフの証言など、バラエティブックでもある。

「俺を支える77の○○」はAV女優、声優、食べ物、アルバム、芸人、漫画、本、ラジオ番組と自分の77のお気に入りについて、熱く述べている。

その守備範囲の広さもさることながら、批評眼も鋭い。CHAGE&ASKAについて「世界的に見てもこんなに変なコード進行とメロディをこんなにキャッチーに聴かせることができるミュージシャンはいないですよ」という評は、妙に説得されてしまった。

一見、というか、完全にファン向けの本という作りなのだが、おそらく本人はその括りに甘んじようとしていない。

二〇一二年十二月に星野源はくも膜下出血で倒れた。二足どころか、三足も四足もわらじをはく生活は、からだへの負担も小さくなかったはずだ。

近刊の『蘇える変態』（マガジンハウス）の前半は、仕事の話やエロ話、後半は入院中の話などが収録されている。

「頑張れ」というエッセイは読み返すだろうなあ。ひとまわり年下の若者に自分の生き方をやんわりとたしなめられる文章を読む日が来るとはおもわなかった。

音楽であれ、舞台であれ、文章であれ、絵であれ、何かを表現せずにいられない人がいる。世の中からすれば、少数派といってもいい。中でも無駄、非効率、不便を厭わず、自分の限界まで創作に打ち込む星野源のような人はきわめて稀な存在であり、それでいて「ふつう」の感覚をすり減らさずにいられるのは、才能としかいいようがない。

話の崩し方、ズラし方もうまい。深刻になりがちな闘病記ですら、笑わせようとする。

業という名のサービス精神。「夏休みはいらない。あるのは働く夏だけで十分である」というほどの筋金入りの仕事中毒。なぜ、本のタイトルを『蘇える勤労』にしなかったのだろうという疑問が一瞬頭をよぎったのだが、今のわたしにはこの使い古されたダジャレをネットで検索して何件ヒットするかを調べる勇気がない。

できれば教えてほしくない。

デビュー作のころの話

東京創元社60周年記念出版として『私がデビューしたころ　ミステリ作家51人の始まり』という本が刊行された。

１９４９年から２０００年代にデビューした作家が世に出る前後の話を綴っている。

大雑把に分けると、子どものころから作家になりたいとおもっていたタイプと自分にはそんな才能はない（謙遜かもしれないけど）とおもっていたタイプがいる。でもみんなデビューして作家になっているわけで、ということは、どちらのタイプでも作家になれるのだ。ただし、会社に勤めたり、アルバイトをしながら、時間を作って原稿用紙の枡目を埋めて、賞に応募して、受賞するまで書き続ける。やっぱり、そんな生活を送っている人は稀だ。ようするに、変わった人だ。

わたしは作家のデビュー前後の話を読むのが好きだ。他人の苦労話はおもしろい。中には、はじめて書いた作品が、いきなり受賞して、すぐ本になるという幸運な例外もあるかもしれないが、そういう人の話は飛ばして読んでもいい（ウソです）。

『私がデビューしたころ　ミステリ作家51人の始まり』

わたしはミステリは守備範囲外なので、五十一名の執筆者に関して、名前は知っているけど、一作も読んだことのない人が大半である。おそらくそんな読者を想定していない気もするが、それでもこの本はすごくおもしろかった。

たとえば、山田正紀の「中野ブロードウエイ・ラヴソング」は、二十五歳のころに中野でサンドイッチマンのアルバイトをしていた話だが、私小説と幻想文学をかけあわせたような短篇だった。

当時の山田正紀は「執筆の時間を最大限に確保するために、最低限の生活費だけを稼ぐ」ことを「暮らしの基本方針」にしていた。しかし、そのころの話は何度も書いているため、「自己憐憫、自己肯定まじりにデビュー当時のことをきれいにまとめるのにもいささか飽きた」という。

そしてこれまでの「自分の物語」を疑いはじめるのだが……。

倉知淳の「新人賞を獲らずにデビューしてもまあどうにかなるものだというお話」は、軽エッセイの書き手としての卓越した技量に圧倒された。

三十歳すぎで、フリーター（職歴ナシ）で下っ端の役者として舞台に出ていた「筋金入りの素人」が、どうして作家になったのか。この話自体、わたしはミステリとして堪能した。

それはそれとして、作家のデビュー秘話といえば、新刊ニュース編集部編『本屋でぼくの本を見た　作家デビュー物語』（メディアパル、一九九六年刊）という本がある。一九九九年に角川文庫に収録されたが、現在文庫は品切。しかし、単行本は新刊で買えます。

トーハン発行の『新刊ニュース』の連載「わたしのデビュー作」をまとめた本で、こちらはミステリ作家だけでなく、時代小説、SF、純文学、ノンフィクション作家、漫画家とジャンルも多岐にわたっている。わたしがはじめてこの本を読んだのは三十歳前後だった。小説家志望ではなかったが、ライターとしては行き詰まっていた時期だったので、作家の苦労話の中にヒントをもらった気がする。

すごく記憶に残っているのは、南木佳士の「編集者の恩」である。

『文學界』の新人賞に応募するも、一次選考にも残らず、小説のことは忘れて、医者の道を歩もうとする。

ところが、編集者から電話がかかってきて、もうすこし書くことをすすめられる。南木佳士は、そんな時間はないと答えると、編集者はこういった。

「酒を飲む時間を我慢すれば書けるものですよ」

病院で働いていて多忙だった南木佳士と仕事もせずに昼から酒を飲んでいたわたしとは、まったく境遇がちがうのだが、しばらくして、昼から酒飲むのをやめた。わたしにとって大きな変化だった。

また賞に応募すれば、受賞しなくても、そのことがきっかけで、編集者から執筆を依頼される例はけっこうある。作家志望の人は、そういうことを知っておいて損はないだろう。

久々に読み返して身につまされたのは、志水辰夫の「十年ひとくぎり」だ。四十歳前後、フリーランスのライターとして「これから先どうやってめしを食っていくか」で悩んでいた。気がつくと「同年配の同業者がほとんどいなくなっていた」。そして「悲惨な末路」を見聞きしたとも……。

「いまのうちに将来の手段を講じておかないと、あと数年で確実に食えなくなる」

その人がどういう人生を送って、なぜ創作の道を歩むようになったのか。そのために何をしたのか（しなかったのか）。

『私がデビューしたころ』と『本屋でぼくの本を見た　作家デビュー物語』を合わせると、百人以上のデビュー秘話が読める。

綾辻行人、北村薫、島田荘司、山田正紀は両作品に登場する。

ベテラン作家になると、同じようなテーマで何度も原稿を書かなくてはいけないケースがある。その書き分けの妙を勉強するのは、デビュー前の人にはまだ早いかもしれない。

世の中にはそういう文章を目ざとく見つけて読み比べる読者がいるということを忘れてはいけない。ベテランでもないのに似たような話ばかり書いているおまえはどうなんだといわれたら、「猛省してます」と答えるしかない。

眉村卓の本を読みました

一冊の本がきっかけで、その作者の作品をさかのぼって読みたくなる。当然、絶版や品切の本は古本屋で探す。「昔は、たいへんだった」と飲み屋で自分より一まわりくらい若い古本好きにそんな話をする。本だけでなく、レコードやＣＤもそうだった。足で探すしかなかった。

最近、眉村卓著『歳月パラパラ』（出版芸術社）というエッセイ集が刊行された。帯には「ＳＦ界の長老　眉村先生80歳！」とある。題名を見て、気楽にパラパラ読めそうだなと手にとった。今さらなのかもしれないが、出版芸術社は「眉村卓コレクション」を刊行していることも知った。家に帰って『歳月パラパラ』を読みはじめる。

この本の最後に「自己客観視社会の憂鬱」というエッセイが収録されている。

現代社会においては何をやるにせよ、自分はどのくらいのレベルなのか、そういうことがあらかじめわかってしまう。

「人間には、とかく、いわれなき自己過信というものがある。それは客観視されることで潰され

『歳月パラパラ』

たり修正されたりする」

客観視した自分を受け入れるか受け入れないか。むずかしい問題だ。おそらく眉村卓はずっとそういうことを考え続けてきた人なのだろう。

眉村卓のほかのエッセイ集も読みたくなった。さっそくインターネットの古本屋で『ぎやまんと機械』(角川文庫、一九八一年刊、単行本はPHP研究所)、『照りかげりの風景』(廣済堂出版、一九八一年刊)、『大阪の街角　眉村卓SEMBAエッセイ』(三一書房、一九九五年刊)を購入する。あるていど予想はしていたが、いずれも想像以上におもしろかった。たぶん、この三冊だと『照りかげりの風景』がちょっと入手難かもしれない。

わたしは洋の東西問わず、身辺雑記と文明批評の混在した文章を探し求めている。『ぎやまんと機械』は、まさに理想のエッセイ集だった。SF界に疎くて、知らなかったよ。誰か教えてくれよ。この本は「SF&SF」「窓際のノート」「流されながら……」「町そして町」「ある時間と空間」の五章に分かれ、各章ごとにショート・ショートが収録されている。

ここはひとつ「つまみ食い世代」の内容をつまみ食い程度に紹介しておく。

まず映画『七人の侍』が放映されることになり、テレビの前に陣取る。眉村卓は学生時代にこの映画を観ている。

「あのころの自分と今の自分のものの考えかたの違いを比較してみたい」

テレビの『七人の侍』がはじまると「記憶にあるシーンと、目の前のそれとがだいぶ違う」ことに気づく。さらに隣でいっしょにテレビを見ている娘は「適当に、ときどき他のものにも関心を移したりしながら、テレビも見ている」といったかんじだった。

つまり、どういうことか。ここからどんな話が展開されるのか。

『照りかげりの風景』の「不況とSF」に「本来、SFというのは、予感の文学に属するジャンルだと、私は信じている」という文章があったのだが、良質なエッセイも身辺の瑣末事から世の中の変化を感じとり、われわれの未来を予見する。

『大阪の街角　眉村卓SEMBAエッセイ』は、大阪のタウン誌『月刊SEMBA』で、一九八五年四月から一九九五年四月までの連載をまとめた本だ。

「大阪に住んで仕事をしているぼくの、街のことについてや身辺雑記であって、全くの普段着スタイルである」

一本のエッセイの長さはちょうど見開き二頁分。この本の中に「外からの目」というエッセイがある。眉村卓が会社をやめて、フリーになり、近所の喫茶店で仕事をするようになった。その喫茶店には、某メーカーの社員がよく来る。

「かれらはその店をも自己の領域のひとつと心得ているらしく、扱いも最優先にされて当然という顔をし、大声で喋りまくる。その会社の人間以外は眼中になく、遠慮もしないのであった」

そして自分が会社員だったころも「はたから見ると似たようなものだったのではないだろうか？」と苦い気分になる。

ちなみに『ぎやまんと機械』の「どこかの一員」も、行きつけの喫茶店で大会社の社員の傍若無人ぶりを紹介し、「自己のせまい世界」を「全世界」と信じ込んでしまう危うさを指摘している。会社員かどうかは関係なく、知らず知らずのうちに、行きつけの店で声や態度が大きくなってしまう。よくあることだ。あとから思い出して恥ずかしくなる。それもよくあることだ。

「せめて、自分が今、どこに帰属しているのか、本来の自分はどういう人間なのかということを、たえずおのれの胸に問いつづける習慣だけは、決して失ってはならないということである」（「どこかの一員」／『ぎやまんと機械』）

眉村卓は「外からの目」や「自己客観視」といったテーマをくりかえし書いている。

というか、『歳月パラパラ』の巻末プロフィールを見たら、「企業社会と個人の関係をテーマにしたいわゆるインサイダー文学論を唱え（略）」とあった。

インサイダー文学論――すごく気になるではないか。

何から読めばいいのだろう。ＳＦ通の知人に聞いたら「とにかく司政官シリーズを読め。キンドル版もあるぞ」と教えてくれた。

さすがにパラパラ読めそうな本ではないけど、つまみ食いはしないつもりだ。

流れ流され長尾みのる

ここ数年、長尾みのるの本を集めている。ただし、現在品切のものが多い。今はまだ古書価もそれほど高くないが、今後はわからない。このあいだアマゾンの中古本の価格を見たら『明日もパフォーマンチックに』（毎日新聞社、一九八五年刊）が八千円くらいだった。

この本、見開きで一本ずつエッセイが収録され、頁の下のほうにはイラストがはいっている。長尾みのるの本はいずれもちょっと変わって凝っている。たぶん電子化されたとしても、この読み心地は再現不可能だろう。

わたしが長尾みのるの本を集めるきっかけになったのは『自魂他才でグッドモーニング珈琲』（冬樹社、一九八一年刊）である。

古本屋で見つけて、一目ぼれした。判型はふつうの単行本よりやや横に広い。イラストや欄外の記事、囲み記事もあり、文章の中には一九八〇年前後の空気がつまっている。

「自魂他才」とは、「自国固有の精神で他国の文明文化を消化吸収してやろう、という思想」の

『おじいちゃんの絵ツイート』

こと。長尾みのるの造語ですね。

この本に所収の「冒険と芸術は似ている」というエッセイがある。〝何か奇抜なアイデアで〟と仕事の依頼をうけたさい、長尾みのるは〝ところで、おたくの社では会議をいくつもパスさせてからでないと決定しませんか〟と聞き返す。会議のフィルターが多ければ、まず奇抜な作品は通らないからだ。

「たとえ、何とかパスし抜いたとしても、アイロンをかけ過ぎたジーパンのようなものに変化してしまうのがおちである」

ほかにも『窓の向こうはホワイト・アングル』（PHP研究所、一九八一年刊）、『心がひとり歩きする』（講談社、一九八二年刊）もおすすめのエッセイ集だ。

『心がひとり歩きする』所収の「イラストレーターってなんだ?」というエッセイでは、長尾みのるは一九六一年ごろからイラストという言葉をつかっていたという話を書いている。『アサヒグラフ』で永六輔といっしょに仕事をすることになった。当時は永六輔も二十代後半の新人で長尾みのるも無名だった。

編集者は新人作家と無名画家の起用を危惧していた。

「新人といっても挿絵画家だと上に先輩が一杯いるから新人だけど、上に誰もいなけりゃ新人じゃないでしょう、と言ったんです。それはどういうことかと聞くので、イラストレーション、あるいはイラストレーターだったらどうだと提案したわけ。そしたら、それは一体何だ、意味がわからないと言うんです」

それでもどうにか納得してもらって、「ストーリー永六輔、イラスト長尾みのる」という形で仕事をすることになった。イラストはイラストレーションだと長いから勝手に縮めたらしい。

ただ、新しいことをはじめると風当たりも強い。「イラストなんてキザないい方で仕事しない方がいいよ」とベテラン編集者に忠告されたこともあった。文芸の世界では、あいかわらず挿絵画家が多かったが、広告の仕事をしていた商業画家はイラストレーターを名のる人が増えた。「それで、イラストレーターといえば、その後当分は広告関係の画家が主流になってしまったのだ」（「ミソ汁の匂いが……」／『明日もパフォーマンチックに』）

最近はどんな本を出しているのだろうと紀伊國屋書店のウェブストアをチェックしたら、今年の夏、『おじいちゃんの絵ツィート』（東海教育研究所）という新刊が出ていた。「絵ツィート」とあるから、長尾みのるのツイッターをまとめた本かなと想像した。ちがった。副題は「85歳の人生シーン「昭和が見える」１０８話」。一九二九（昭和四）年生まれの長尾みのるの半生記である。「生まれた年が大恐慌。映画がトーキーになり、弁士・楽士はクビになり、『大学は出たけれど』の流行語どおり、就職なしの暗い失業時代だったんだ」

見開き二頁のエッセイとイラスト。紙芝居、ラッパのラジオ、父に連れられて羽田の飛行場に行く話など幼少期の思い出、戦中は陸軍通信兵学校に通い、そして話は戦後に――。

ずっと絵描きになりたいとおもっていた長尾みのるは、早稲田大学が新設した工芸美術研究所に入る。所長は「考現学」の今和次郎だった。今和次郎は「考古学があるなら、考現学があってもいいはずだと思いついた」が、新しい分野ということもあって、なかなか受け入れられない。そこで今和次郎は「考現学」を「モデルノロヂオ」と外語にした。

「日本で新しいことを始めるときは、カタカナ語も役立つ」

長尾みのるが「イラスト」という新語をつかうようになったのは今和次郎の影響もあった。

戦後初の世界一周無銭旅行（売り絵の旅）を敢行し、日本に帰ってきたときはポケットに一ドル。そのお金でタクシーに乗って、家に着いたら無一文になっていた。

そこからアートディレクターを経て、イラストレーターになるのだが、トントン拍子というか、行き当たりばったりというか、渡りに船の連続というか、なるようになるをイラストに描いたような人生なのだ。

わたしは人生の荒波を強靭な精神力みたいなもので乗りこえる話も好きなのだが、長尾みのるの半生記はまったくちがう。軽快さと柔軟さで道なき道を切り拓いていく。

『おじいちゃんの絵ツィート』を読んでいたら「挫折より左折か右折」という一文があった。座右の銘にしたい言葉だ。

アスリートの遺伝子

この十年、二十年のあいだにいちじるしく発達し、従来の常識を変えているジャンルといえば、スポーツ科学もそのひとつだろう。

昔からスポーツ万能という言葉があるが、現実には万能はありえない。短距離の選手と長距離の選手ではからだのつくりがちがう。体操と重量挙げもそう。同じ競技でも、自転車のように（山の）上り下り平地とそれぞれ得意なコースがあったりする。

スポーツの向き不向きは体格や体型も関係する。長身で足が長いほうが有利な競技もあれば、胴長短足、あるいはからだが小さいほうが有利な競技もある。

またトップアスリートが量産されている特定の地域もある。短距離選手のジャマイカ、マラソンのケニアとエチオピア、ブラジルのサッカー、卓球の中国など、例をあげればキリがない。

よく生まれ（遺伝子）か育ち（環境）かという議論があるが、スポーツに関しては、環境と努力だけでは、どうにもならない持って生まれた才能があるような気がしてならない。それはスポ

『スポーツ遺伝子は勝者を決めるか？　アスリートの科学』

ーツに限ったことではないのかもしれない。

すこし前に、デイヴィッド・エプスタイン著『スポーツ遺伝子は勝者を決めるか？　アスリートの科学』（福典之監修、川又政治訳、早川書房）を読んだ。四百頁以上あるけど、読み出したら止まらない。読み終わっても興奮がおさまらない。

赤道直下から北極圏まで、アスリートたちの運動能力に影響を与えているとおもわれる遺伝の要因を追いかけた本だ。

幼少期のころから、わたしは不向きなことを努力するのは時間の無駄だと考えがちだった。その結果、寝ころんで本ばかり読んでいる人生を送ることになってしまった。しかし、一日の半分くらい（睡眠時間をのぞく）ぐだぐだごろごろしつつも、もしかしたら、自分でも気づいていない能力が眠っているのではないのかと妄想する。

この本では、K・アンダース・エリクソン博士が提唱したといわれる「一万時間の法則」に疑問を投げかけている。さまざまなジャンルにおいて、プロのレベルに達するには最低でも一万時間くらいかかるという説だ。わたしはこの法則は、将棋の棋士の米長邦雄の本で知り、そういうものだろうなとおもっていた。

しかしある走り高跳びの選手は、フォームもルールもロクに知らないまま、遊び半分にジャンプして、七フィート（二メートル十三）にセットされたバーをクリアーした。そして数ヶ月後には、走り高跳び用のシューズをはかずに、二メートル三十三という記録を出し、ＮＣＡＡ室内走り高跳び競技大会の覇者となったという。

ＮＢＡのスタープレイヤーのデニス・ロッドマンは、高校時代の身長は百七十五センチで、バスケ部にいたがレギュラーになれず、退部。卒業後は空港の夜勤の清掃員や洗車のアルバイトをしていた（窃盗で捕まったりもしている）。

そのあいだに、ロッドマンの身長は二百三センチになり、再び、バスケットボールをはじめ、奨学金を得て、サウスイースタン・オクラホマ州立大学に進む。

「ここでの三年間で、平均して一試合に二五・七得点、リバウンドが異次元の一五・七回という成績をあげ、チームの主役になった。その後はバスケットボール界の歴史となっている」

こういう話を聞くと、努力って何だろうとおもうわけだが、そういうこともあるだろうなと妙に納得してしまう。

プロスポーツの世界には努力だけでは超えられない「天賦の才」としかいいようのないものが存在する。ただし「天賦の才」があってもトップアスリートになれるかどうかは別だ。

ウサイン・ボルトが、ジャマイカではなく、アメリカに生まれていたら、その身長や走力に目をつけられ、バスケットボールかアメリカンフットボールの選手になっていた可能性が高い。

たしかに、アスリートの遺伝子——のようなものはある。ただ、その能力を開花させるには、やっぱり環境も重要なのである。

ラスムス・アンカーセン著『トップアスリート量産地に学ぶ 最高の人材を見いだす技術』（清水由貴子、磯川典子訳、CCCメディアハウス）は、人材発掘と能力開発という視点から、アスリートの育った環境、教育の影響を考察した本だ。

ブラジルがサッカー大国になったのは、彼らがサッカーに適した身体に生まれついているからではないし、韓国が世界ランク上位の女子プロゴルファーを輩出していることにも理由がある。

アンカーセンは、スポーツの世界における「遺伝子神話」を信じていないが、速く走る、高く跳ぶといった「単純なスポーツであればあるほど、遺伝子が果たす役割は大きい」ことは認めている。しかし、判断力や精神力などで身体の優位性を埋め合わせるスポーツはいくらでもある。

「成功できるかどうかは、自分に生まれつき備わった強みや能力があり、そのおかげで、ある特定の分野ですぐれた成果をあげられるという事実を認識することで決まる」

この二冊の本を読むと、遺伝と環境は同じくらい大事だという、いたって無難な予想通りの結論に落ち着くのだが、問題はそう単純ではない。

自分は何に向いているのか。科学が進歩すれば、より本人に適した生き方を見つけることができるのか。その答えは簡単には出ないだろう。その答えが出たとしても、そのとおりに生きることが幸せかどうかはわからない。

コラム④

文筆生活二十五年

二〇一四年、ライター生活二十五年をむかえた。仕事をはじめたのは一九八九年六月——そのころから荻原魚雷という名前で原稿を書いている。四半世紀のあいだ、ペンネームの由来は何百回と聞かれた。とくに理由はない。自分でもふざけた筆名だとおもっている。

十九歳のころ、わたしはＰＲ誌の編集をしていたのだが、先輩の編集者はトニー何某とかピエール何某といったペンネームで原稿を書いていた。

当初はわたしも「外国人の名前＋荻原」みたいな筆名になるはずだったのだが、いつの間にか、魚雷になってしまった。名づけ親のピエール先輩は、卒業後、関西のテレビ局に就職した。

二十五年といっても、原稿料で暮らしていたのは五年あるかどうか、すみません、見栄を張りました。二、三年です。三十歳くらいまでは署名入りの原稿を書く機会は月に一、二本、対談や座談会の構成とテープおこしが主な収入源だった。

若いころのわたしは、インタビューや取材、電話が苦手で、依頼されたテーマとはちがう原稿を書いてしまう癖もあった。「おれ、もうどうしていいかわかんないわ。いっそのこと小説でも書いて、どっかに応募しろよ」とわたしの文学の才能を早くから見抜いていた編集者もいたが、その後、その人とは会っていない。元気だろうか。

ただ、ひまな時期があったからこそ、いろいろな本を読めたし、おもうようにならない時期を乗りきるための精神力も鍛えられた。なるべくお金と体力をつかわない生活術も体得し、インスタントラーメンがうまく作れたら、それだけで「今日はいい日だ」とおもえるような安上がりな幸せを見つける知恵も身についた。

自分にできることは何か。どうすればできないことをやらずにすますことができるか。ひまさえあれば、そんなことばかり考えていた。その結果、できないことはできる人にまかせればいいという結論にたどりつき、原稿の依頼がなければ、アルバイトをしながら、自分の書きたいものを書きたいように書けばいいと開き直った。

それから深夜一時から朝五時までを執筆時間にすると決めた。その時間帯に気力と体力のピークがくるように一日をすごす。何をやってもだめなときは何もせず、ひたすら気力と体力を温存（本を読んだり、散歩したり、酒を飲んだり、寝たり）し、その週その月の忙しい時期のために余力を残しておく。常日頃から、調子のよくないときにできることは、調子のいいときにはやらないように心がけている。

何事もやりすぎないこと――こうした自己管理の大切さは、アスリートやメンタルトレーニングの本から学んだ。

それまでは仕事のテーマを聞かれると、口ごもってしまうことが多かったのだが、今では「不遇や不調のときの処世術です」と答えられるようになった。最近は、不調にならないとやる気が出ないという困った状態に陥っている。

書生の処世

あとがきにかえて

高校時代は世の中を変えるような思想家になりたかった。

二十歳のときは筆一本で社会の巨悪と戦うジャーナリストになりたかった。

いかにも世間知らずの書生っぽが考えそうなことだ。

そんなわたしも今ではすっかり暗黒の活字のガイアに時空をゆがめる魔眼で立ち向かうただの本好きのおっさんになってしまった。

昔から「どうすれば、半人前といわれる人たちが、楽しく世渡りできるだろう」とよく考えていた。半人前でも生きやすい世の中になってほしい。そして人類の叡知はそのためにつかわれるべきだと願っていた。

自分のことは棚に上げて、志半ば、あるいは三分の一くらいのところでくすぶっている人たちを見ていると、たいてい人が当たり前にできることができない。毎日決まった時間に起きるとか人の話をちゃんと聞くとか、初歩とか基本とかの手前でつまづいている。あるいは初歩や基本をクリアーするために全身全霊の力をふりしぼってしまい、それだけでへとへとに疲れている。やる気のなさそうなふるまいで、そのつもりはないのに人を怒らせる。自分が怒られる理由はまったくわからない。

たまに知り合いから人生相談をもちかけられる。小一時間くらい話を聞いて、それなりに助言したり、小言をいったりする。しかし何をいっても相手に言葉が届いている気がしない。そのうち、ほめてもらいたいだけということがわかってくる。

世間知らずの書生は、何の実績もないから信用もない。だから生きづらい。信用は一朝一夕では身につかない。五年十年とかかることもあるし、いちどの失敗ですべてが水のあわになることもある。手間ひまのかかることはかったるいし、失敗するくらいならはじめから何もしないほうがマシだとおもう気持だけは痛いほど伝わってくる。

ああ、そうか。「世の中をなめんなよ」ってこういうときにいうセリフなのか。わたしも何度となくいわれてきたが、ようやくその意味がわかりかけてきた。

「おれはいつだっておれだから、おれのまま生きていく」

わたしもそうおもっていた（今でもできればそうしたい）。だが、現実は通常の半人前の書生が考えている三倍くらい厳しい。

怒ってくれる人がいるうちはまだいい。そのうち何もいわれなくなる時期がくる。きっとくる。

自分のまわりからこれまで親切にしてくれていた人がすこしずつ離れていく。

そうなってようやく「ひょっとしたら世の中ではなく、自分にもどこかしらほんのちょっぴりおかしいところがあるのではないか」とおもいはじめる。

さて、どうしたものか。

世の偉人たちは、人の二倍、三倍努力するという方法でそうした苦難を乗りこえてきた。わたしもそうするしかないとおもっていた時期もあったが、あるとき、左目の魔眼が発動し、従来の発想の中にはすべて逆の発想が埋もれていることに気づいた。「人の二分の一、三分の一のことしかせず、持てる力をその二分の一、三分の一に注ぎこむ方法もあるのではないか」と……。

これまで十やっていたことがあるとすれば、それを二か三にする。何だったら一にしてもいい。そのかわり一だけは時間をかけて小さな事からコツコツやって、とりあえず、人並かそれ以上を目指す。

半人前の書生だったころのわたしは「本さえ読んでいればどうにかなる」とおもっていた。本を読んで得た知識は現実の局面で随時試していかないと力にならない。「わかっていても、それができない」という暗黒の法則だ。「わかる」と「できる」のあいだには通常の半人前が考えている……以下略。しかも世間知らずが、世を渡っていく苦労は、理解されづらい。たいてい甘えているだけだとおもわれる。

きびしいことをいえば、自分の生きる道を見つけるまでにも数々の難関が待ちかまえているし、さらにその先には恵まれた条件や才能にくわえ、つらい修行や秘密の特訓を乗りこえてきたその道のプロがいる。自分のすべてを捧げるくらい努力してもその道の第一人者のレベルに達するかどうかはわからない。ただ、地道に何かひとつのことを続けていれば、いつかは優秀な先人たちも引退する。もしあまり競争の激しくないジャンルであれば、半人前のわれわれでもその道の権威になれるかもしれない。ものすごく長生きすれば。

一般に、仕事ができる人というのは、いろいろなことを同時に素早く正確にこなすことができる。世の中には、生まれつき性能がちがうとしかおもえない人はいくらでもいる。

そんな性能のいい人と張り合ってもしょうがない。だけど、才能豊かな人には、仕事が殺到するからひまがない。だったら、彼らにできないこと、やらないこと、できるけどやりたがらないことを探すのもひとつの処世だ。それを考えることが、半人前の第一歩、いや半歩だ。その小さな半歩は人類のごく一部の人にとって大切な半歩になるだろう。半歩ずつでも、道なき道を歩き続けることができれば、いつしか大きな飛躍につながるはずだ。

ただし、新しい道を志そうとする書生の前には、いつだって世間の無理解という名の壁がそびえたっている。

その壁にぶちあたるたびにわたしは梶原一騎の漫画を読む。

――広大な海なくしては塩は採れぬ道理ですね！

絶筆となった『男の星座』の中で主人公の梶一太は、大山倍達が世界各地をまわって己の腕を試した空手修行の成果をそう評した。

わたしもこうしてはいられない。

広大な活字の海に溺れながら、悩める書生に自助を促す地の塩になろう。

というわけで、この本は『本の雑誌』で連載時のタイトルは「活字に溺れる者」だった。四年分の連載は書いた順番に並んでいる。最初と最後がアスリートの本になっているのは偶然である。この連載では、はっきりとしたテーマを決めず、吉川英治に倣い「生涯一書生」のつもりでいろいろな分野の本を読むことを心がけた。

雑誌連載時の担当者の松村眞喜子さんには、ずっとお世話になった。「活字に溺れる者」の前に連載していた「古本徒然観賞」「飲んだり読んだり」の担当も松村さんだった。

単行本は宮里潤さんとデザイナーの戸塚泰雄さんと三人で高円寺の飲み屋をハシゴしながら手塩にかけて作った。本の判型をどうするか。表紙をどうするか。おもいつきのイメージが、すこしずつ形になっていく。連載一回分を四頁におさめるため、初出の文章を平均すると五〜六行削った。

表紙と本文中のイラストは堀節子さんにおねがいした。

仕事と関係ない話ばかりの打ち合わせだったけど（納豆の賞味期限の話とか）、脱線こそが人生の妙味だ。すべての道半ばで寄り道中の書生に幸あれ。

二〇一五年六月　高円寺にて

荻原魚雷

「本の雑誌」（二〇一一年一月号〜二〇一四年十二月号）に掲載された
「活字に溺れる者」に加筆修正。コラム①〜④は書き下ろしです。

書生の処世

二〇一五年六月二十五日　初版第一刷発行

著　者　荻原魚雷
発行人　浜本　茂
印　刷　中央精版印刷株式会社
発行所　株式会社　本の雑誌社
〒101-0051
東京都千代田区神田神保町1-37　友田三和ビル
電話　03（3295）1071
振替　00150-3-50378

©Gyorai Ogihara. 2015 Printed in Japan
定価はカバーに表示してあります
ISBN978-4-86011-272-1 C0095